GIUSEPPE MERLINI

ENERGIA
SENZA SORPRESE

**Come scegliere il fornitore di energia
in modo semplice e consapevole
e risparmiare soldi davvero**

Titolo

"ENERGIA SENZA SORPRESE"

Autore

Giuseppe Merlini

Editore

Bruno Editore

Sito internet

http://www.brunoeditore.it

A Cristina
Per la pazienza che ha avuto con me
in questi 40 anni di vita insieme.

A Luca
Perché possa sempre avere nel cuore
il sorriso e valori positivi
e che entrambi siano sempre un faro
a cui far riferimento.

Sommario

Introduzione

"Parlami, o Musa, dell'uomo dall'agile mente che andò vagando tanto a lungo...". Beh certo a chi non piacerebbe aver scritto per primo queste parole, incipit indimenticabile di una delle opere più studiate in tutto il mondo, ed entrare così nella storia della letteratura? A me sì, ma più o meno 2.600 anni orsono pare l'abbia già fatto Omero con la sua Odissea.

Si, ma cosa c'entra l'Odissea con un libro che dovrebbe trattare di energia elettrica ed insegnare a scegliere bene per risparmiare i propri soldi?

Da 15 anni mi occupo di aiutare le aziende a risparmiare sui costi energetici e ho incontrato ormai migliaia di persone, con cui ho affrontato l'argomento energia e scelta del fornitore, ed il termine più frequentemente utilizzato dagli imprenditori e manager per indicare metaforicamente tale esperienza di scelta del fornitore di energia è proprio: *"è una Odissea"*.

In fondo quando pensiamo all'Odissea pensiamo a mille peripezie, difficoltà dell'incontrare mondi e terre sconosciute, mari perigliosi ed infimi canti di sirene dalle intenzioni ambigue. Un viaggio peraltro quello dell'Odissea in cui Ulisse non riuscì a riportare a casa tutti i suoi compagni di viaggio.

Un imprenditore avveduto, forse un po' più appassionato e buon conoscitore delle epiche omeriche, proprio usando la metafora dell'Odissea, un giorno mi disse: *"se è vero che Omero scrisse che il buon Ulisse soffrì molte traversie in mare cercando di salvar la sua vita ed il ritorno dei compagni. Ma neppure così i compagni li salvò, sebbene lo desiderasse e volesse"*, "è anche vero che Omero scrisse: *"morirono per le loro colpe e follie, quegli insensati"*.

"Ed io come imprenditore e responsabile anche delle decine di famiglie delle persone che lavorano con me non posso essere né insensato né folle se non voglio avere colpe, per cui mi spieghi per bene e mi aiuti a capire come funzionano le cose davvero".

Bene in queste pagine proveremo a fare chiarezza sulle nebbie che spesso rendono difficili le scelte ed in molti casi fanno sbattere su scogli nei quali si infrangono le speranze di risparmiare qualche soldo, faticosamente guadagnato.

Perché può essere importante per te questo libro?

La risposta sta prima di tutto nell'interesse che hai nello spendere al meglio i tuoi soldi, in un bene che non puoi fare a meno di usare e pagare: l'energia elettrica. Se per caso, per evitarti la possibilità di sbagliare, sei tra le persone che finora hanno scelto di restare col vecchio fornitore monopolista, è importante che tu sappia che da 1 luglio 2019 questo non ti sarà più possibile poiché il mercato completerà il suo processo di liberalizzazione ed esisterà solo ed esclusivamente il mercato libero.

Oppure potresti essere una tra quelle persone che ha già fatto il passo, magari più di una volta, di scegliere un fornitore di energia del mercato libero e vuoi essere certo che le tue scelte siano corrette e ben adeguate a soddisfare le tue esigenze procurandoti reale risparmio. In entrambi i casi è necessario imparare a scegliere bene il proprio fornitore di energia elettrica ed imparare a farlo bene sarà indispensabile se non vorrai trovarti a pagare l'energia più di quello che potresti o ad avere un fornitore che non risponde ai tuoi valori ed alle tue esigenze personali.

Cosa troverai in questo libro?

Un bel po' di conoscenza per poter fare tranquillamente le tue scelte, informazioni preziose e comprensione su come funziona il sistema energia, dalla comprensione della bolletta a quella dei contratti che ti vengono proposti. Troverai informazioni e metodi per capire su cosa fare attenzione, percorsi ed indicazioni su come tenerti facilmente aggiornato e quindi far si che tu possa controllare con semplicità se le tue scelte nel tempo andranno riviste.

Capirai come eventualmente modificarle per sfruttare nuove opportunità di risparmio ed evitare di buttare i tuoi soldi con contratti diventati ormai obsoleti. Capirai come prendere possesso di una consapevolezza che ti farà vivere il rapporto con l'ineluttabile arrivo della bolletta in modo più sereno.

Mi sentirei di dirti, senza doverti spaventare, facendoti pensare a cose complesse, che una volta letto questo libro, non solo avrai una conoscenza tale per poter gestire al meglio le tue scelte in materia di fornitori di energia, ma avrai anche acquisito competenze che in un mercato così vasto, come quello dell'energia e così pieno di opportunità professionali, potrebbero essere competenze considerate una base per trovare un buon lavoro che possa darti buone soddisfazioni. E di questi tempi non è cosa da poco.

Pensa, un giorno un imprenditore dopo qualche mese di collaborazione, mentre facevamo insieme un'analisi dei costi evitati, dei soldi risparmiati e mettevamo su carta un po' di numeri alla fine del conto, che evidenziava un buon risparmio, per dimostrarmi la sua soddisfazione, un po' scherzando ma non tanto, mi disse: *"Merlini a tutto questo dobbiamo aggiungere i soldi risparmiati per l'antiacido per lo stomaco che prendo molto meno da quando, col suo aiuto, ho capito come funzionano le cose. Mi sento più sereno quando arriva la fattura e la capisco, e le dirò di più: i suoi stimoli a fare attenzione ai costi ed anche ai valori li abbiamo trasferiti ad altri prodotti e servizi che usiamo e abbiamo migliorato i rapporti coi fornitori in parecchi ambiti di acquisto".*

Potrei raccontarti centinaia di storie come questa ma ora non è il caso, magari più avanti nel libro ti dirò perché ho scelto di scriverlo e di mettere a disposizione la mia esperienza non solo alle aziende ma anche ad uso delle persone e delle famiglie. Ti dico già che in questo libro non troverai tutte quelle facili accuse sui fornitori o polemiche varie, poiché sono modalità spesso usate, e magari urlate, ma atte solo ad alimentare il tuo malcontento e la tua rabbia.

Sarebbe in fondo facile per me che ho vissuto la liberalizzazione di questo mercato fin dall'inizio mettere sul piatto tante traversie vissute dai clienti e parlar male genericamente o specificatamente dei fornitori, ebbene non lo farò. Sarebbe un po' come sparare sulla Croce Rossa e non è nel mio stile e poi servirebbe solo a farti venire un po' di rabbia in più e non è ciò che desidero. Preferisco suscitare risultati ed effetti positivi.

Non troverai nemmeno consigli su un fornitore piuttosto che un altro, primo perché il mercato e le offerte sono in constante evoluzione e ciò che potrebbe esser meglio oggi potrebbe non esserlo tra qualche mese, poi perché non ho interesse in questo in quanto la mia normale attività di consulenza si rivolge alle aziende e non al mercato domestico. Quindi in modo neutrale voglio aiutarti a trovare conoscenza per scegliere bene e autonomamente secondo i parametri che tu stesso stabilirai essere corretti per te.

L'esperienza mi insegna che la cosa più difficile da fare non è capire come funzionano le cose, per quello basta dedicarci un po' di tempo e di attenzione, bensì il decidere di impegnarsi a farlo.

Per cui se il tuo scopo nel leggere questo libro è comprendere come funzionano le cose ed imparare come fare scelte consapevoli per spendere bene i tuoi soldi tra poco partiamo per il nostro viaggio di conoscenza. In alcuni momenti richiederà per te uno sforzo di attenzione ma le conoscenze che acquisirai ti saranno utili per anni e ti aiuteranno a risparmiare nel tempo un bel po' di denaro.

Un accenno al metodo

Il metodo che affronteremo nel percorso che possiamo fare insieme in questo libro si può riassumere in questi 8 passi:

1. Conoscere e capire il contesto generale ed il prodotto o servizio da valutare.

2. Definire i propri valori sui quali basare le proprie scelte.

3. Raccogliere informazioni sui fornitori: storia, comportamenti pregressi, reputazione, servizi offerti, impatto ambientale, relazione coi clienti etc. etc.

4. Informarsi su andamenti dei prezzi, in questo caso prezzi mercati all'ingrosso, previsioni e prezzi dei mercati a termine.

5. Valutare attentamente i contratti, prezzo reale, costi accessori, vincoli sui bonus, voci aggiuntive varie.

6. Incrociare proposta e valori, analisi dell'aderenza ai propri valori e metodi di valutazione.

7. Controllare prezzi applicati e congruità con le aspettative, all'arrivo delle prime fatture e periodicamente.

8. Aggiornarsi e monitorare, tenersi informati su andamento prezzi sul GME e monitorare nuove possibilità.

Nel corso del libro di tanto in tanto focalizzeremo dei punti fermi, quei punti di maggior rilevanza che vanno sottolineati e ricordati, per aderenza allo stile della collana dell'editore di cui fa parte questo libro li chiameremo amichevolmente SEGRETI.

Capitolo 1:
Come capire il contesto generale

Il mercato com'era, com'è e come sarà

Il mondo ed il mercato dell'energia è cambiato e cambierà ancora. Partiamo dal fare brevemente il punto su alcune tappe importanti. Negli anni '60 inizia il *Processo di Statalizzazione* del sistema energia e nasce il monopolio, ENEL e le municipalizzate diventano gli unici fornitori possibili, nessuna possibilità di scelta per il consumatore.

Nel 1999, su spinta di una direttiva europea inizia il graduale *Processo di Liberalizzazione*. Oggi, tutti possono scegliere un fornitore del *mercato libero* ed in contemporanea esiste ancora un regime transitorio in cui servirsi ancora del vecchio fornitore attraverso il *regime* di *maggior tutela*.

Il servizio di maggior tutela consente a chi ancora non ha scelto un fornitore del mercato libero, di essere servito dalla società concessionaria della distribuzione locale a condizioni e prezzi che vengono stabiliti trimestralmente dall'autorità per l'energia ARERA, sulla base delle spese sostenute dal sistema. Questa possibilità resta fino a tutto giugno 2019.

Dal 1 luglio 2019 sparirà il regime di maggior tutela ed esisterà solo il mercato libero, in pratica tutti dovranno scegliere un fornitore del mercato libero, cimentandosi naturalmente tra le varie offerte presentate dai vari fornitori, che oggi sono quasi 500. Come vedi già in queste prime righe emerge un'informazione che moltissime persone non conoscono e che potremmo chiamare:

SEGRETO n. 1: il servizio di maggior tutela terminerà di esistere il 1 luglio 2019 ed entro quella data tutti dovranno scegliere un fornitore del mercato libero.

Quella dei segreti non vuole essere mia presunzione di sapere ma solo un metodo per aiutarti a focalizzare e riassumere gli aspetti più importanti, che useremo nel corso di tutto il libro. L'esperienza mi insegna che ci sono un sacco di falsi miti riguardo al mondo dell'energia, ai fornitori ed alla possibilità di cambiarli.

Provo a citartene alcuni:

1. Alla fine tutti comprano l'energia da Enel e poi la rivendono.

2. Se cambi fornitore quando hai dei guasti, non vengono a fare assistenza per farti tornare con l'ex monopolista o comunque vengono dopo essere andati dai loro clienti.

3. I fornitori sono tutti uguali.

4. Tanto i fornitori fanno quello che vogliono loro, ti scrivono una cosa nel contratto e poi ti fatturano quello che vogliono.

5. Si, all'inizio risparmi con tutti poi però ti ritrovi a spendere di più.

Riguardo i punti 1, 2 proveremo ad analizzarli in questo capitolo per individuare le giuste verità, mentre i punti 3, 4 e 5 li affronteremo più avanti. Cerchiamo ora di capire come è costituita la filiera del mondo dell'energia e chi sono gli attori che la compongono, che compiti hanno e come vengono remunerati.

Filiera dell'energia elettrica

Il sistema con cui ci viene fornita energia è costituito da diverse fasi. In Italia le attività di produzione e la vendita sono state liberalizzate e quindi sono nate società private che posseggono centrali di produzione o si occupano di vendere energia. Mentre il sistema di trasporto, che consente all'energia di arrivare nelle nostre case, suddiviso in trasmissione e distribuzione, è ancora regolamentato e gestito attraverso concessioni pubbliche.

Produzione

La produzione è l'attività svolta nelle centrali elettriche, volta a trasformare l'energia primaria (carbone, gasolio, gas) o rinnovabile in energia elettrica.

Trasmissione

L'energia prodotta nelle centrali viene immessa nel sistema di trasmissione, quel sistema di reti in alta ed altissima tensione che possiamo paragonare al sistema autostradale e che porta l'energia alle centrali di trasformazione. Per intenderci è quello dei grandi tralicci che siamo abituati a vedere in giro per campagne e vicino alle reti autostradali. Tutto il sistema di trasmissione non è liberalizzato ed è gestito da Terna S.p.A. una società di natura statale.

Distribuzione

Le reti di trasmissione portano l'energia nelle centrali di trasformazione, dove viene appunto trasformata in modo che possa essere immessa nelle reti a bassa o media tensione. Dalle centrali di trasformazione l'energia viene immessa nel sistema di distribuzione locale, l'attività relativa al trasporto locale ed alla fornitura di elettricità alle nostre case ed aziende.

Anche l'attività di distribuzione non è liberalizzata ma affidata dal Ministero dello Sviluppo Economico a società di distribuzione locale attraverso concessioni. Per via degli ingenti investimenti per realizzarle e dato che esistono già le reti fisiche, le reti di distribuzione sono considerate dei *"monopoli naturali"* e per questa ragione si è deciso che in ogni area può operare un unico distributore territoriale, normalmente chiamato *distributore locale*.

Fornitura e vendita

Vediamo chi sono gli attori principali nell'attività di fornitura o vendita.

AU – Acquirente Unico

Un nome quasi sconosciuto di una società che in realtà è il fornitore di gran parte degli italiani, cioè di tutti quelli che ancora non hanno scelto un fornitore del mercato libero e sono ancora serviti dal servizio di maggior tutela.

Questa società, di proprietà del Ministero dello Sviluppo Economico attraverso il GSE, ha il compito di acquistare l'energia elettrica destinata ai clienti in maggior tutela ai quali verrà fatturata a condizioni stabilite dall'Autorità per l'energia attraverso i distributori locali o le società di vendita concessionarie. Quindi se nella tua fattura c'è la dicitura servizio di maggior tutela, il tuo reale fornitore di energia è l'Acquirente Unico.

Grossisti o società di vendita

È importante capire meglio quale è il ruolo ed il compito delle società di vendita a cui spesso non si da valore. In realtà hanno un compito complesso, da una parte quello di gestire amministrativamente tutti i dati che ricevono dai vari attori che gestiscono i vari servizi del sistema elettrico, aggregarli ed emettere le fatture ai clienti rispettando tempi e regole. Dall'altra parte hanno il compito di monitorare i mercati, studiarne gli andamenti, prevenirne le problematiche, gestire gli acquisti in modo da calmierare i prezzi e comporre offerte che possano essere in linea col mercato o ancor meglio sappiano interpretare le necessità presenti e future dei clienti.

A questo si aggiunge la necessità di strutturare servizi di supporto ai clienti. Come è facile comprendere una struttura precisa ed efficiente in tal senso né si improvvisa né si costituisce senza la necessaria esperienza e solidità. Queste società possono essere aziende più o meno grandi, che comprano l'energia tramite il Mercato all'Ingrosso dell'Energia (GME) e la rivendono ai clienti finali, in questo tipo di operatori si possono trovare tre tipologie di aziende:

A. Quelle che sono di proprietà di società di produzione, obbligate per legge a separare le due attività.

B. Quelle che non hanno alle spalle un produttore e semplicemente commerciano energia.

C. Quelle che sono figlie e di proprietà di società di distribuzione locale, anch'esse obbligate a separare le attività se vogliono vendere energia sul mercato libero (tra queste possono esserci società che hanno anche produzione ed altre che commerciano solamente).

Alcuni esempi del gruppo C possono essere *A2a Energia* società commerciale del Gruppo A2a distributore locale di Milano e Brescia, oppure *Enel Energia* società commerciale del Gruppo Enel o ancora *Hera-Comm* società commerciale di Hera distributore locale di molte città dell'Emilia Romagna od anche *Iren Mercato* società del Gruppo Iren distributore locale di Torino, e così via.

Occorre dire anche che queste società a tutti gli effetti sono fornitori di energia del mercato libero che possono vendere a prezzi liberi e anche se hanno nomi che sono quasi uguali, non vanno confuse con le società di distribuzione locale che effettuano il servizio di maggior tutela. Vedremo tra qualche pagina quali le differenze.

Intanto nella pagina di seguito uno schema che riassume quanto sopra. Nelle caselle a destra, quelle più scure, il flusso fisico, in quelle centrali più chiare è descritto il flusso economico e commerciale.

Dunque analizzando la filiera dell'energia scopriamo che alle già conosciute società monopoliste ed alle società di distribuzione locale si affacciano nuove figure create dalla liberalizzazione nel mercato dell'energia, tra queste i *produttori privati*, società che hanno acquistato centrali esistenti o costruito nuove centrali, in genere più moderne ed efficienti, quindi in grado di produrre a minor costo e con maggior flessibilità.

Come vedi già qui abbiamo chiarito e sfatato un mito che spesso è presente nelle menti della maggior parte delle persone che pensano e dicono: *"alla fine tutti comprano l'energia da Enel e poi la rivendono"*. Avrai capito che è un falso mito, poiché con la liberalizzazione dell'energia sono nate molte società che hanno centrali di loro proprietà.

SEGRETO n. 2: Enel non è l'unica società che produce poiché con la liberalizzazione sono nate molte società di produzione private.

SEGRETO n. 3: se ricevi una fattura con la dicitura servizio di maggior tutela, significa due cose: che non hai mai cambiato fornitore e che il tuo reale fornitore è l'Acquirente Unico.

Quindi le Società di produzione producono l'energia e la vendono obbligatoriamente ai *grossisti*, in genere attraverso un mercato all'ingrosso che viene gestito e regolato attraverso regole ben precise, in pratica un sistema assimilabile ad una borsa merci. Questo mercato all'ingrosso si chiama appunto *mercato elettrico* ed è gestito da una istituzione denominata GME, *Gestore dei Mercati Energetici*. Più avanti gli dedicheremo una parte importante del percorso che faremo insieme e che ti consentirà di risparmiare un po' del tuo denaro. Vediamo a questo punto di mettere un altro punto fermo.

SEGRETO n. 4: esiste un mercato all'ingrosso dell'energia dove i produttori vendono l'energia ai grossisti, si chiama mercato elettrico ed è gestito e regolato da una istituzione statale denominata GME, Gestore dei Mercati Energetici.

In realtà oltre al SEGRETO n. 2 nelle righe sopra abbiamo visto insieme un altro punto su cui spesso non c'è chiarezza:

SEGRETO n. 5: tra i grossisti ci sono anche società di proprietà delle società di distribuzione locale con nomi che a

volte possono essere confusi con quelli del distributore locale. Occorre fare attenzione poiché il distributore locale deve applicare tariffe regolate dall'Autorità mentre i grossisti applicano condizioni con le regole del mercato libero.

Allora abbiamo visto che ci sono i produttori privati, i grossisti, il gestore della rete nazionale ed i distributori locali. Vediamo ora le istituzioni del settore, i loro compiti e ruoli.

Le istituzioni

ARERA – Autorità di Regolazione per Energia Reti e Ambiente

Fino al 31.12.17 si chiamava AEEGSI

È l'organismo fondamentale che sovrintende il complesso quadro normativo che regola i mercati dell'energia ed ora anche quelli della gestione dei rifiuti. L'ARERA ha la funzione di controllare e regolamentare i settori dell'energia, di promuovere la concorrenza, il buon funzionamento e la qualità dei servizi.

Provvede ogni trimestre a regolare le norme tariffarie dei costi elettrici per il servizio di maggior tutela, dedicato a quei clienti che non hanno ancora voluto o potuto accedere al mercato libero.

AU – Acquirente Unico

Società per Azioni di proprietà del MISE che ha compito di acquistare sul mercato, a condizioni regolate, l'energia destinata a fornire i clienti serviti dal servizio di maggior tutela. Di fatto il fornitore di chi ancora non ha mai cambiato fornitore. L'AU sovrintende anche il SII, il Sistema Informativo Integrato, quel sistema che consente la gestione del complesso flusso di dati tra distributori locali e fornitori, dalle letture dei contatori alla gestione di tutte le pratiche.

GSE – Gestore Servizi Elettrici

Società per Azioni di proprietà del Ministero dell'Economia e delle Finanze. Ha il compito di gestire le politiche sulle fonti rinnovabili, attraverso attività di promozione ed incentivazione. Il GSE è la capogruppo delle due società controllate AU e GME.

GME – Gestore Mercati Energetici

Partecipata dal GSE, gestisce i mercati energetici col fine di garantire trasparenza e concorrenza tra i produttori. Gestisce anche la borsa elettrica, la piattaforma dove si incrociano domanda ed offerta e sulla quale i produttori vi vendono l'energia che i grossisti e l'AU comprano.

TERNA – Rete Elettrica Nazionale

S.p.A. controllata dallo Stato attraverso la Cassa Depositi e Prestiti. Terna ha la responsabilità e la gestione della trasmissione nazionale e del dispacciamento sulle reti in alta ed altissima tensione. È remunerata per il servizio di trasmissione e dispacciamento in base ad un sistema tariffario stabilito dall'Autorità per l'Energia – ARERA.

Distributori locali

Sono diverse società, oltre 130 sparse per l'Italia ed in genere sono società municipalizzate o nate da esse. Non possono essere in realtà considerate delle istituzioni ma ricoprono un compito importante poiché gestiscono le linee in bassa e media tensione. Sono remunerate per i servizi relativi alla distribuzione attraverso tariffe determinate dall'Autorità, guadagnano solo su questi servizi in base al consumo del cliente ma non guadagnano sull'energia, che in pratica fatturano per conto dell'Acquirente Unico.

Con questa carrellata sulle istituzioni abbiamo anche compreso che un altro dei falsi miti sul mercato dell'energia non ha fondamenta, infatti quello che alcuni pensano è: *"se cambi fornitore quando hai dei guasti poi non vengono a fare assistenza per farti tornare con l'ex monopolista o comunque vengono dopo essere andati dai loro clienti"* non corrisponde a verità, poiché i distributori locali, le società che curano la manutenzione ordinaria e straordinaria delle linee locali, guadagnano solo sul trasporto in proporzione al consumo del cliente e quindi per loro non importa di chi sia il cliente, l'importante è che il cliente non resti senza energia per non compromettere il loro guadagno. Questo garantisce che tutti vengano trattati nello stesso modo.

SEGRETO n. 6: i distributori locali guadagnano solo sui servizi relativi alla consegna dell'energia ed in proporzione al consumo dei clienti indipendentemente da chi sia il loro fornitore. Questo garantisce uniformità di trattamento per

tutti i clienti.

Bene, in questo capitolo sul contesto generale manca qualcosa sui clienti e qualche specifica su questo ci aiuterà poi a comprendere anche le politiche di alcuni fornitori e le loro scelte commerciali. Nel mercato dell'energia normalmente vengono considerate 2 tipologie di clienti:
- **i clienti domestici**, cioè tutti quelli che usano l'energia elettrica per uso domestico, così definito anche sulla fattura.
- **i clienti aziendali**, o meglio ancora i clienti che usano l'energia per altri usi, inteso come diverso dal domestico.

Quanto sopra è importante saperlo e determinarlo per definire:
- a che tipologia di contratti i clienti possono accedere;
- a quali e che costi afferenti al sistema di trasporto e dei vari oneri, devono essere sottoposti, in quanto tra clienti domestici e clienti aziendali questa tipologia di costi è differente.

Per dovere di completezza oltre a questa differenziazione anche se non riguarda il mercato domestico specifichiamo che un cliente aziendale può essere allacciato in:

- Bassa Tensione BT – *normalmente clienti domestici e PMI.*
- Media Tensione MT – *in genere piccole, medie, grandi imprese.*
- Alta o Altissima Tensione - *casi di aziende molto energivore* (anche qui i costi afferenti al sistema e le regole sono differenti).

Vediamo in uno schema qui di seguito, anche dal punto di vista commerciale e di valore di mercato come si distribuiscono i clienti e come le aziende fornitrici vedono il panorama dei clienti.

Target		
domestico	**piccole e medie aziende**	**grandi clienti**
ca. 30 Milioni clienti		poche centinaia di migliaia
	ca. 7 Milioni clienti	
x		x
ca. 23 % dei consumi	x	ca 33% dei consumi
	ca. 44 % dei consumi	

Allo stato attuale questi clienti possono trovarsi in diverse situazioni a seconda delle loro scelte o non scelte, vediamo quali situazioni sono possibili.

Clienti Domestici

- I clienti che hanno scelto un fornitore del mercato libero, più o meno consapevolmente, che ad oggi sono poco più di 10.000.000 (dieci milioni) secondo i dati disponibili presso il sito dell'Autorità.
- I clienti che ancora sono in regime di maggior tutela, e stiamo parlando di circa 20.000.000 di clienti (venti milioni) che entro la data del 1 luglio 2019 saranno costretti a dover scegliere un fornitore da mercato libero.

Per dovere di completezza citiamo anche la situazione dei **clienti aziende – altri usi:**

- clienti che hanno scelto un fornitore del mercato libero e sono circa 3.500.000 (tre milioni e cinquecentomila) ad averlo già fatto, e qui non entriamo nel merito se in modo da vivere una esperienza più o meno positiva e vantaggiosa.
- Clienti che ancora non hanno scelto il fornitore da mercato libero e sono nel regime di maggior tutela e secondo i dati

forniti dall'Autorità sono circa 3.700.000 (tre milioni settecentomila), anch'essi entro luglio del 2019 dovranno scegliere un fornitore.

- Clienti che non avendo scelto un fornitore ed essendo classificati come grandi aziende (più di 50 dipendenti o più di 10 milioni di fatturato annuo) sono rimaste nel Regime di Salvaguardia, regime che sembra restare attivo anche dopo luglio 2019.

Forse occorre fare un po' il riepilogo della situazione.
La liberalizzazione è partita nel 2000 per le aziende e nel 2007 per i clienti domestici, quindi dopo 17 e 10 anni di liberalizzazione ad oggi il risultato è che circa il 50% delle aziende per circa 3.500.000 aziende e circa il 33% dei clienti domestici per quasi 10.000.000 di contatori è passato al mercato libero.

Ora il restante 50% delle aziende per circa 3.700.000 di contatori e il restante 67% circa dei clienti domestici pari a più o meno 20.000.000 di contatori, sono una fetta di mercato enorme che nel giro di pochi mesi tra qui ed il 1 luglio 2019 dovrà migrare dal servizio di maggior tutela ad un fornitore del mercato libero facendo scelte a cui non ha mai pensato e sulle quali è quasi sempre impreparata.

Capirai bene che per i fornitori di questo mercato si apre un mare pescosissimo di potenziali clienti obbligati a scegliersi un fornitore sul quale costruire il proprio business, e ti ricordo che stiamo parlando di 20 milioni di clienti domestici e oltre 3 milioni e settecentomila piccole e medie imprese.

Contrariamente a quanto si pensava qualche anno fa, il numero dei fornitori in questi ultimi anni è cresciuto a dismisura fino a sfiorare i quasi 500 fornitori, dalle grandi multinazionali alle microsocietà, appena nate, che si vogliono cimentare in questo grande mercato.

D'altro canto i consumatori si troveranno a doversi districare in una miriade di proposte tra le quali scegliere potrebbe non essere semplice, col rischio di spendere in modo né consapevole né efficace il proprio denaro. Proprio per queste ragioni, proseguire nella lettura dei prossimi capitoli e fino alla fine sarà fondamentale.

Potremmo riepilogare quanto sopra con il:

SEGRETO n. 7: dal luglio 2019, i 20.000.000 di clienti domestici e le 3.700.000 imprese dovranno scegliere obbligatoriamente un fornitore dovendosi districare tra le offerte di circa 500 fornitori di diverso genere e dimensione.

RIEPILOGO DEL CAPITOLO 1:

- SEGRETO n. 1: il servizio di maggior tutela terminerà di esistere il 1 luglio 2019 ed entro quella data tutti dovranno scegliere un fornitore del mercato libero.

- SEGRETO n. 2: Enel non è l'unica società che produce poiché con la liberalizzazione sono nate molte Società di produzione private.

- SEGRETO n. 3: se ricevi una fattura con la dicitura servizio di maggior tutela, significa due cose: non hai mai cambiato fornitore ed il tuo reale fornitore è l'Acquirente Unico.

- SEGRETO n. 4: esiste un mercato all'ingrosso dell'energia dove i produttori vendono l'energia ai grossisti che si chiama *mercato elettrico* ed è gestito e regolato da una Istituzione Statale denominata GME, Gestore dei Mercati Energetici.

- SEGRETO n. 5: tra i grossisti ci sono anche società che sono di proprietà delle società di distribuzione locale con nomi che a volte possono essere confusi proprio con quelli del distributore locale. Occorre fare attenzione poiché il distributore locale deve applicare tariffe regolate dall'Autorità, mentre i grossisti applicano condizioni con le regole del mercato libero.

- SEGRETO n. 6: i distributori locali guadagnano solo sui servizi relativi alla consegna dell'energia ed in proporzione al consumo dei clienti indipendentemente da chi sia il loro fornitore. Questo garantisce uniformità di trattamento per tutti i clienti.

- SEGRETO n. 7: entro il 1 luglio 2019 ben 20.000.000 di clienti domestici e circa 3.700.000 imprese dovranno necessariamente scegliere un fornitore del mercato libero e dovranno districarsi tra le offerte di quasi 500 fornitori di diverso genere e dimensione.

Capitolo 2:
L'energia e la composizione del prezzo

Energia qualche concetto di base

Dopo aver dedicato il primo capitolo a comprendere il contesto generale del mercato dell'energia elettrica entriamo ora nel merito dell'energia e della composizione del suo prezzo. Andremo a vedere qualche concetto base dell'energia elettrica e scopriremo come si misura per poi addentrarci nella comprensione della struttura dei suoi costi e del suo prezzo.

Ora, senza entrare in tecnicismi ingegneristici complessi, possiamo dire alcune cose sull'energia elettrica. L'energia elettrica possiamo definirla come un'energia secondaria, infatti l'elettricità che viene utilizzata la si ottiene dalla trasformazione di altre tipologie di energia, come quella solare, idroelettrica, nucleare, eolica, chimica o termica. Si potrebbe scrivere un libro solo su questo ma in questo momento è poco importante ai fini dello scopo di questo libro che è quello di aiutarti a scegliere il miglior modo di comprare energia elettrica.

Di sicuro sappiamo che l'energia elettrica ha alcune particolarità:
- È pulita, poiché nel luogo di utilizzo e consumo non produce né residui né polveri.
- È comoda e di pronta disponibilità, premendo un interruttore la si può usare immediatamente senza attese.
- Non è immagazzinabile in grandi quantità, poiché la tecnologia attuale degli accumulatori è ancora costosa ed ingombrante.
- È trasportabile anche a distanze di migliaia di kilometri, da dove viene prodotta, senza grandi dispersioni.
- È misurabile, quindi consente di determinarne la quantità utilizzata.

Le grandezze dell'energia elettrica

Abbiamo detto che l'energia elettrica è misurabile e naturalmente lo è attraverso delle grandezze che ora andiamo a vedere insieme, in modo semplice, provando anche ad utilizzare la metafora di un tubo nel quale l'energia elettrica scorre.

La potenza è una delle grandezze dell'energia elettrica. Corrisponde all'energia disponibile nell'unità di tempo. Si misura in *Watt*, questa unità di misura si esprime col simbolo *W*. Ora se provi ad immaginare un tubo dove scorre l'energia elettrica, la potenza rappresenta la dimensione della sezione del tubo.

Normalmente per ogni contatore viene determinata una potenza, disponibile nelle normali case di 3 KW, mentre nelle aziende è in base alle esigenze. La potenza si considera in due modalità:

- *Potenza disponibile* che abbiamo spiegato poco sopra.
- *Potenza impegnata*, che per un cliente domestico è normalmente pari alla potenza disponibile, mentre per le aziende è pari a quella massima prelevata nel mese.

La potenza disponibile e la potenza impegnata nel mese servono, poi, a determinare una parte dei costi di trasporto che fanno parte di quei costi, come *oneri di sistema*, definiti dall'Autorità per l'Energia ARERA, ciò significa che sono uguali per tutti i fornitori. Lo vedremo meglio in seguito.

L'Energia Attiva che è l'energia effettivamente consumata, è calcolata in *Wattora*, in pratica 1 Watt di potenza utilizzato per un'ora diventa un consumo di 1 Wattora, l'Energia Attiva viene espressa in *Wh*. Nella metafora del tubo è rappresentata come la quantità di materia che scorre nel tubo. L'Energia Attiva sostanzialmente è quella che consumiamo e paghiamo al nostro fornitore, quella su cui possiamo negoziare il prezzo.

L'Energia Reattiva è quella parte di energia sprecata dagli impianti, ciò in genere avviene se un macchinario non è ben fasato. In genere non ha impatto sugli impianti domestici ma in una azienda con consumi più elevati, è un aspetto importante da tenere sotto controllo in quanto può generare delle penali se assume una misura troppo elevata.

L'Energia Reattiva si calcola in *Varora* e viene espressa col simbolo *Varh*. Nella nostra metafora rappresenterebbe la dispersione di calore dal tubo. Nella pagina seguente proviamo a riepilogare con un disegno.

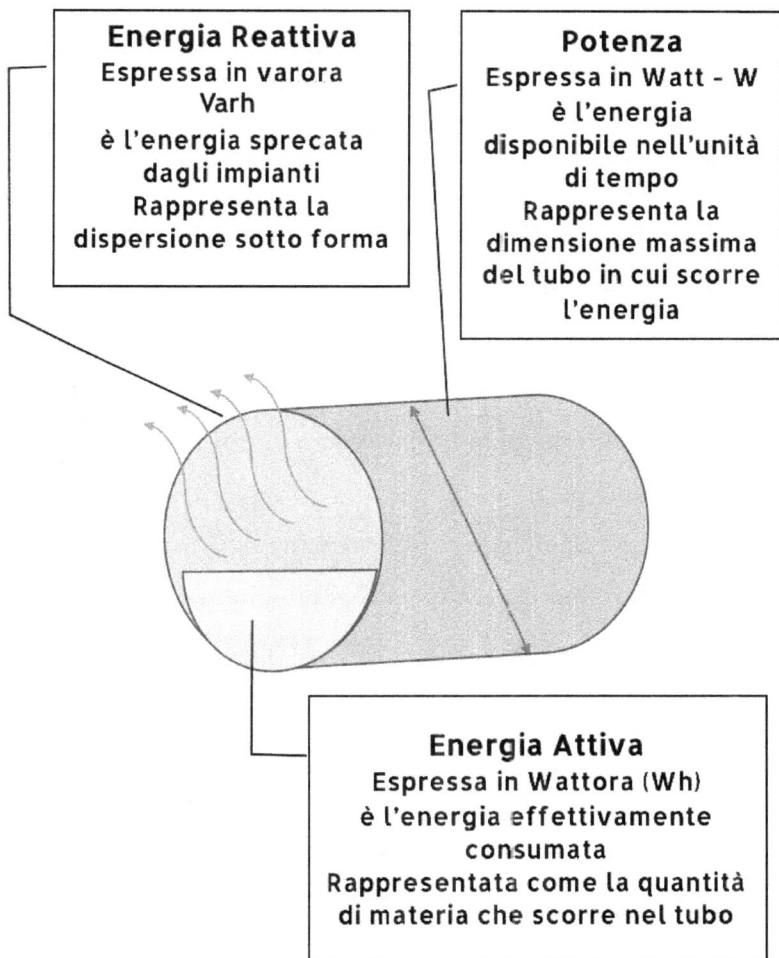

Energia Reattiva
Espressa in varora
Varh
è l'energia sprecata
dagli impianti
Rappresenta la
dispersione sotto forma

Potenza
Espressa in Watt - W
è l'energia
disponibile nell'unità
di tempo
Rappresenta la
dimensione massima
del tubo in cui scorre
l'energia

Energia Attiva
Espressa in Wattora (Wh)
è l'energia effettivamente
consumata
Rappresentata come la quantità
di materia che scorre nel tubo

A questo punto se vogliamo possiamo identificare quelli che chiameremo i primi due segreti di questo capitolo:

SEGRETO n. 1: la potenza disponibile (i tuoi 3 KW di casa) determina una parte dei tuoi costi, quella relativa agli oneri di sistema per le aziende. Oltre alla potenza disponibile c'è anche la potenza prelevata nel mese a determinarne i costi. Tutti questi costi sono uguali per qualsiasi fornitore, poiché stabiliti dall'Autorità – ARERA, ciò significa che nessun fornitore te li può far pagare di meno o di più.

Il prossimo segreto, piccolo e conciso, è in realtà importantissimo, poiché identifica uno degli elementi più importanti su cui occorre fare attenzione quando si riceve una proposta e ci si trova di fronte a fare una scelta.

SEGRETO n. 2: l'Energia Attiva è sostanzialmente quella che consumiamo e paghiamo al nostro fornitore, su cui possiamo negoziare il prezzo, a differenza degli oneri di sistema e di altri costi passanti che sono uguali per tutti.

Abbiamo identificato le tre grandezze fisiche dell'energia elettrica, *Watt*, *Wattora* e *Varora*, che si moltiplicano (come spiegato nella scala di seguito dove per semplicità utilizzeremo quella dei Wattora), perché sono quelle che poi compriamo dai fornitori e sui cui possiamo negoziare il prezzo. Naturalmente la stessa scala la si può declinare sia sui *Watt* che sui *Varora*.

ENERGIA scala delle grandezze fisiche

Wattora	Wh	1 wattora
chilowattora	KWh	1.000 wattora
megawattora	MWh	1.000.000 wattora
gigawattora	GWh	1.000.000.000 wattora
terawattora	TWh	1.000.000.000.000 wattora

Quindi un *KiloWattora*, pari a 1.000 Wattora, è l'energia assorbita e consumata da un apparecchio da 1 KW in un'ora. In pratica se usi un Phon da 1.000 Watt per un'ora consumi 1 KWh.

Anche se *gigawattora* e *terawattora* poco riguardano i clienti domestici, sono termini spesso usati quando si parla di energia elettrica per cui ho ritenuto giusto citarli. Invece coi *chilowattora* (*KWh*) e *megawattora* (*MWh*) è meglio familiarizzarci poiché sono le unità con cui i fornitori presentano i loro contratti e formulano le loro fatture, quindi conoscerli è importante.

Il contatore

Ci sono le grandezze fisiche dell'energia e ci sono gli strumenti di misura che servono per identificare quanta energia elettrica noi consumatori usiamo e necessariamente dovremo pagare, quelli che abbiamo in ogni nostra casa e sono presenti in ogni azienda e che tutti chiamiamo contatori. Possono essere di 3 tipi:

- *mono-orario o Integratore*;
- *a fasce orarie*;
- *orario*.

Il **misuratore integratore** o **mono-orario**, ormai poco diffuso nelle nostre case, è in grado di identificare quanto si è consumato tra una lettura ed un'altra, ma non ci sa dire cosa è successo tra le due letture ed in che orari abbiamo consumato. In presenza di questo contattore si può applicare solo un prezzo mono-orario, un prezzo unico in qualsiasi ora del giorno e del mese.

Il misuratore a fasce orarie, un po' più evoluto, è tarato per calcolare i consumi tenendo conto di alcune fasce orarie F1 - F2 - F3. Queste fasce sono stabilite dall'Autorità dell'energia – ARERA e di seguito vedremo la loro composizione. In presenza del misuratore a fasce orarie può essere applicato sia un prezzo per fasce orarie, su 3 fasce od anche un *prezzo bi-orario*. In qualche caso esistono prezzi mono-orari anche per clienti che hanno questo tipo di contatore, più avanti ne vedremo meglio le tipologie.

Il misuratore orario, quasi mai utilizzato per i clienti domestici in genere è presente nelle aziende, soprattutto se hanno più di 55KW di potenza disponibile, consente di identificare i consumi effettuati ora per ora (anche per quarto d'ora). Chiaramente questi sono i misuratori più evoluti e consentono di applicare offerte con prezzi orari, come offerte per fasce orarie od anche bi-orarie. Visto quanto affrontato riguardo il contatore possiamo considerare che nelle informazioni sopra lette vi è contenuto il:

SEGRETO n. 3: la tipologia di contatore che hai può determinare anche la tipologia di prezzi che ti verranno

applicati, poiché ad esempio se hai un contatore mono-orario non potrai avere prezzi declinati per fasce o biorari.

Dopo aver affrontato il tema delle fasce orarie andremo anche a vedere come si legge il contatore.

Le Fasce orarie

I contatori per fasce e orari esistono poiché l'energia elettrica è un prodotto che ha prezzi differenziati, nei vari momenti della giornata e dell'anno, questo sulla base della legge della domanda e dell'offerta, più alta è la domanda più alto è il prezzo, come vale in realtà per ogni prodotto.

Nel caso dell'energia elettrica quando sale di molto la domanda si devono chiamare a produrre anche gli impianti meno efficienti e più costosi facendo sì che il costo medio di produzione si alzi e di conseguenza anche i prezzi applicati al consumatore. I misuratori orari e le fasce orarie servono a distribuire meglio ed ad applicare in modo più preciso i costi dell'energia a beneficio di tutti e soprattutto dei consumatori più virtuosi che imparano a consumare il più possibile nelle ore meno costose, in genere la notte e i giorni festivi, si vuole così anche stimolare un consumo più consapevole. Vediamole nello schema qui sotto:

fasce orarie :: la settimana tipo

giorno	ora																							
	1	2	3	4	5	6	7	8	9	10	11	12	13	14	15	16	17	18	19	20	21	22	23	24
lunedì	F3	F3	F3	F3	F3	F3	F3	F2	F1	F1	F1	F1	F1	F1	F1	F1	F1	F1	F1	F2	F2	F2	F2	F3
martedì	F3	F3	F3	F3	F3	F3	F3	F2	F1	F1	F1	F1	F1	F1	F1	F1	F1	F1	F1	F2	F2	F2	F2	F3
mercoledì	F3	F3	F3	F3	F3	F3	F3	F2	F1	F1	F1	F1	F1	F1	F1	F1	F1	F1	F1	F2	F2	F2	F2	F3
giovedì	F3	F3	F3	F3	F3	F3	F3	F2	F1	F1	F1	F1	F1	F1	F1	F1	F1	F1	F1	F2	F2	F2	F2	F3
venerdì	F3	F3	F3	F3	F3	F3	F3	F2	F1	F1	F1	F1	F1	F1	F1	F1	F1	F1	F1	F2	F2	F2	F2	F3
sabato	F3	F3	F3	F3	F3	F3	F3	F2	F2	F2	F2	F2	F2	F2	F2	F2	F2	F2	F2	F2	F2	F2	F2	F3
domenica e festivi (*)	F3	F3	F3	F3	F3	F3	F3	F3	F3	F3	F3	F3	F3	F3	F3	F3	F3	F3	F3	F3	F3	F3	F3	F3

festivi: 1 e 6 gennaio, Pasqua e lunedì di Pasqua, 25 aprile, 1 maggio, 2 giugno, 15 agosto, 1 novembre, 8, 25 e 26 dicembre

F1 sono le ore di punta: 8 - 19 dei giorni da lunedì a venerdì.

F2 sono le ore intermedie: 7-8 e 19-23 da lunedì a venerdì e

7-23 del sabato.

F3 sono le ore fuori punta: 0-7 dei giorni da lunedì a sabato e

tutte le ore per domenica e festivi.

Le fasce orarie così conformate sono definite dall'Autorità per l'Energia – ARERA.

Affrontando il tema fasce orarie abbiamo identificato anche il:

47

SEGRETO n. 4: i prezzi dell'energia cambiano a seconda delle ore e dei mesi dell'anno perché quando aumenta la domanda si chiamano a produrre centrali più costose che alzano il costo medio, sia per la naturale legge della domanda che dell'offerta.

Come si legge il contatore

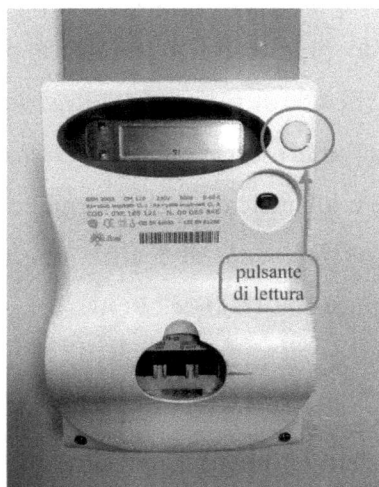

Leggere il contatore è tutto sommato abbastanza semplice, occorre premere il pulsante bianco a destra del display (pulsante di lettura) ed in successione appaiono le varie pagine di lettura del contatore. Più sotto vedrai alcune foto coi valori che ti consigliamo di segnarti ad ogni fine mese, in modo che avrai uno storico dei tuoi consumi e/o potrai comunicarli al tuo fornitore se hai attivo il servizio di telelettura. Questo ti consentirà di evitare fatture calcolate su consumi presunti e di evitare eventuali spiacevoli conguagli sui consumi in fatture successive.

Di seguito troverai una scheda di esempio che puoi usare come schema di raccolta dei dati. Questo è il contatore più diffuso nelle nostre case. Quando premerai il pulsante, il primo dato che ti appare è il codice cliente, di solito di 9 cifre, nella maggior parte dei casi corrisponde alle ultime cifre del *codice POD*, il codice con cui il contatore è identificato e che normalmente è formato da *IT + codice distributore locale* di 3 cifre ad esempio 001 + E + codice cliente quindi un codice POD tipo potrebbe essere IT001E123456789.

Proseguiamo nella lettura, clicca il pulsante di lettura e compare la dicitura relativa alla *fascia oraria* attiva in quel momento. Clicchiamo ancora e comparirà l'indicazione di:
- *Potenza Istantanea*, cioè la Potenza che stai prelevando in quel momento.
- *Lettura Potenza*.
- *Periodo attuale*, quest'ultima precede le letture e dice di fatto che quelle che andiamo a fare coi *click* seguenti sono riferite ai tuoi consumi fino a quel momento; quindi dal prossimo *click* sul pulsante di lettura, il consiglio è di prendere nota dei dati che appaiono sul display.

Vediamoli insieme cliccando di nuovo sul pulsante di lettura del contatore. In una nuova schermata apparirà il dato che indica la lettura, di quel momento, dei tuoi consumi in Fascia F1.

A1 che vedi sul display sta per Energia Attiva in Fascia 1.

Questo è un dato progressivo dall'installazione del contatore, se a questo sottrai il dato della lettura del mese precedente avrai i tuoi consumi in fascia F1 del mese corrente.

Cliccando ancora avrai la lettura in *fascia F2* e poi in sequenza cliccando di nuovo comparirà la lettura dei tuoi consumi in *fascia F3*.

Cliccando di nuovo la lettura dei tuoi consumi in fascia F3.

Per avere il tuo storico per ognuna delle letture, segnati il dato sulla scheda che trovi nelle pagine seguenti o su un foglio Excel con lo stesso schema. Ti sarà utile, sia per comunicarli al tuo fornitore sia per eventuali comunicazioni future, ancora meglio se fai una sequenza di foto, oggi semplice con un qualsiasi cellulare.

Dopo la schermata coi consumi di fascia F3 troverai le letture relative alla potenza Prelevata, anche queste click dopo click declinate per tutte e 3 le *fasce orarie F1-F2-F3* espresse sul display con *P1-P2-P3*. Qui vedi l'esempio per P1.

Queste letture rappresentano la potenza massima che hai prelevato nel mese corrente. In genere per un contatore domestico è di relativa importanza, in quanto si pagano una parte degli oneri di sistema sulla base della potenza disponibile, ma per le aziende questo genere di costi è calcolato sulla base della potenza massima prelevata nel mese, per cui in questo caso è importante segnarsi il dato esattamente come per l'Energia Attiva.

Nel caso dei contatori per altri usi, quelli delle aziende, in genere alle schermate della lettura sulla potenza prelevata seguono anche le schermate relativa alle letture dei consumi di Energia Reattiva che si declinano anch'esse nelle tre *fasce F1-F2-F3* e si esprimono sul display con la dicitura *R1- R2 - R3* anche in questo caso per le aziende è importante segnarsi il dato.

Andando avanti coi click troverai sul display la dicitura *periodo precedente*, da qui le schermate sopra descritte si ripetono nella stessa sequenza ma sono relative all'ultima lettura effettuata prima di quella che stai facendo in quel momento.

Finite le schermate relative al periodo precedente, cliccando ancora sul pulsante di lettura compariranno ancora due schermate, una indica la data e l'altra l'ora in cui stai facendo la lettura del contatore, anche questo è un dato utile da segnare e nel caso fotografare. Ti ricordo che le letture vanno prese ad ogni ultimo giorno del mese, almeno questo è l'ideale. Ricordiamo che per definire il tuo consumo l'operazione da fare è:

Lettura Attuale – Lettura precedente = Consumo

Nella pagina di seguito una scheda che puoi usare per le letture.

Mese	Giorno	Ora	Fascia	Lettura	Consumo
Gennaio			A1		
			A2		
			A3		
Febbraio			A1		
			A2		
			A3		
Marzo			A1		
			A2		
			A3		
Aprile			A1		
			A2		
			A3		
Maggio			A1		
			A2		
			A3		
Giugno			A1		
			A2		
			A3		
Luglio			A1		
			A2		
			A3		
Agosto			A1		
			A2		
			A3		
Settembre			A1		
			A2		
			A3		
Ottobre			A1		
			A2		
			A3		
Novembre			A1		
			A2		
			A3		
Dicembre			A1		
			A2		
			A3		

La scheda delle aziende dovrebbe contemplare anche le letture di Potenza prelevata P1-P2-P3 e dell'Energia Reattiva R1-R2-R2. Segnarsi le letture è importante e tenersele per almeno due anni altrettanto, poiché i ricalcoli dei consumi o di alcuni costi afferenti agli oneri di sistema potrebbero essere riferiti fino ai due anni addietro, quindi potresti ricevere conguagli per i due anni precedenti.

Si, lo so che quest'ultima cosa ti fa arrabbiare, ma pensa che fino a poche settimane dell'uscita di questo libro potevano addirittura essere retroattivi di 5 anni. Prima di passare al tema del prezzo dell'energia mettiamo qualche punto fermo, quelli che chiamiamo segreti.

SEGRETO n. 5: ogni fine mese segna le letture del contatore e se possibile fai le foto, avrai uno storico dei tuoi consumi e/o potrai comunicarli al tuo fornitore se hai attivo il servizio di telelettura. Ti consentirà di evitare fatture calcolate su consumi presunti e di evitare eventuali spiacevoli conguagli sui consumi in fatture successive. Avrai così dati documentabili casomai ne avessi la necessità.

SEGRETO n. 6: nelle letture del contatore il dato più direttamente coinvolto per le fatture che riceverai è quello relativo all'Energia Attiva, sul display compare come lettura A1-A2-A3, rappresenta i consumi che hai effettuato. Ottieni quelli del mese in corso sottraendo alle letture attuali quelle del mese precedente.

Bene, abbiamo visto dei concetti base sull'energia elettrica, valorizzata per fasce orarie, ed abbiamo visto come si legge un contatore, che cosa è importante segnarsi. Ora andiamo a vedere come è composto il prezzo dell'energia.

Il prezzo dell'energia

Per parlare del prezzo dell'energia elettrica dobbiamo prima considerare che se noi tutti percepiamo l'energia elettrica come un servizio, in realtà quando parliamo di energia elettrica parliamo di un vero e proprio prodotto fisico che va generato. Certo non possiamo toccarlo per ovvie ragioni, ma è di fatto un prodotto e per realizzarlo occorre contemplare i suoi costi delle materie prime, costi di produzione, e tutti i costi generali del produttore.

Quello che noi tutti paghiamo con la fattura dell'energia è una somma di componenti, fatta del prodotto più tutti i servizi che fanno arrivare alle nostre case ed alle aziende l'energia elettrica. A queste si aggiungono anche le immancabili imposte e l'IVA.

Andiamo a vedere come è configurato il prezzo dell'energia. Attenzione! Qui di seguito non vedremo quali prezzi applicano i vari fornitori, quelli impareremo a riconoscerli in seguito, ma vedremo come si configura ed è suddiviso per famiglie di costo, come previsto dalle normative, e come generalmente appare nelle fatture che riceviamo. Lo faremo partendo attraverso lo schema seguente, la cui fonte è il sito dell'ARERA, l'Autorità per l'energia.

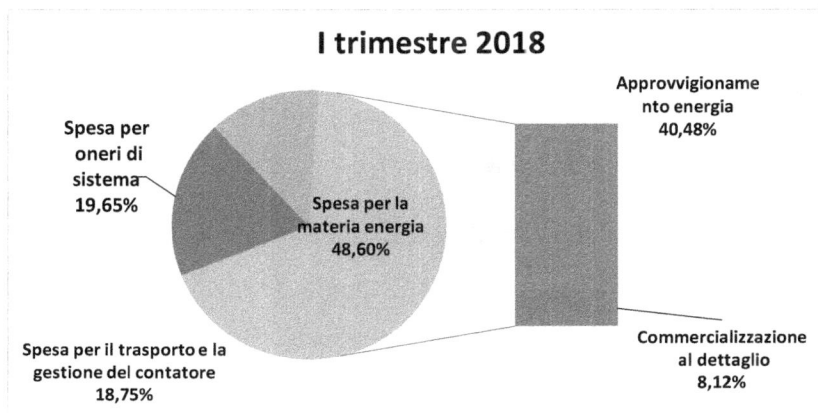

I trimestre 2018

Spesa per oneri di sistema 19,65%

Spesa per la materia energia 48,60%

Spesa per il trasporto e la gestione del contatore 18,75%

Approvvigionamento energia 40,48%

Commercializzazione al dettaglio 8,12%

Visto così sembrerebbe che l'effettivo costo dell'energia elettrica, intesa come quella parte che viene effettivamente venduta dal fornitore abbia un peso pari al 48,60%. Andando a vedere nel dettaglio scopriremo che in realtà non è così, poiché in quella famiglia di costi sono comprese voci relative al sistema che serve a far arrivare l'energia nelle nostre case.

Vediamo i dettagli e capiremo meglio da che cosa è formato il costo della fornitura di energia. Dallo schema sopra abbiamo visto che il servizio di fornitura è formato da quattro famiglie di costo principali:
- spesa per la materia energia;
- spesa per il trasporto e la gestione del contatore;
- spesa per gli oneri di sistema;
- imposte ed IVA.

Cosa comprende la voce Materia Energia?

A. **La voce PE** relativa all'acquisto dell'energia elettrica, cioè l'Energia Attiva che consumi, quella che ti fornisce appunto il fornitore sulla quale puoi negoziare il prezzo con le tue scelte. La voce PE ed è applicata in euro per *KWh* consumato, può essere espressa in prezzo mono-orario, per 3 fasce, biorario o orario.

B. **La voce perdite di rete.** Le perdite di rete sono quella parte di energia che viene dispersa nei passaggi di tensione e nel viaggio che fa tra la centrale di produzione ed il contatore. Questa voce per i clienti in Bassa Tensione BT (tutti i domestici e le piccole utenze aziendali) è valorizzata pari al 10,4%, (per le aziende in MT è il 4%) ciò significa che per far arrivare 100 KWh ne devono partire dalle centrali di produzione 110,4 e quindi il cliente paga per 110,4 KW. Questa voce è uguale per tutti i fornitori, se qualcuno ti racconta che non te la fa pagare, ti sta dicendo una bugia.

C. **La voce PD** è il Prezzo del Dispacciamento, il servizio che garantisce il corretto flusso dell'energia elettrica e l'equilibrio tra la domanda e l'offerta di energia. Serve anche a far produrre le varie centrali nella giusta misura senza sprechi ed a far si che ci sia sempre la giusta quantità di energia disponibile per tutti. Ha un prezzo calcolato in euro per ogni KWh consumato, ed il prezzo viene definito dall'ARERA sulla base dei costi sostenuti da Terna che gestisce il servizio.

D. **La Componente PCV**, relativo al Prezzo della Commercializzazione e Vendita e copre il costo legato alla gestione amministrativa del cliente, calcolato in quota fissa annua, applicato per 1/12 ogni mese, è indipendente dai consumi.

E. **La componente PPE** a copertura del prezzo di Perequazione, cioè una quota che va a compensare eventuali differenze tra costi previsti e costi effettivi. Si calcola in base ai consumi euro/KWh. Può essere anche a valore zero.

F. **La voce DispBT** che è la componente di dispacciamento, che serve a compensare quella che è la differenza tra gli importi versati tramite la componente PCV ed i costi di gestione commerciale che vengono riconosciuti alle società di vendita in regime di tutela. In pratica, in parte è una restituzione di denaro al cliente in misura fissa euro/anno ed in parte viene applicata come costo in base ai KWh consumati (euro/KWH), fino al consumo di 1.800 KWh/anno il valore applicato è più basso.

G. **Una quota fissa** che paghiamo per avere il contatore attivo, è calcolata su base annua, viene applicata un dodicesimo al mese o sulla base dei giorni del mese, 28/365 es. febbraio.

E qui c'è un importante elemento di attenzione.

Le voci C-D-E-F-G sono voci i cui costi sono stabiliti trimestralmente dall'Autorità per l'energia ARERA e sono eguali per tutti i fornitori ed anche per il servizio di maggior tutela.

Mentre riguardo le voci A e B (B conseguente di A per il 10,4%), per i clienti serviti in maggior tutela, l'Autorità definisce ed aggiorna i prezzi ogni tre mesi, sulla base di parametri prestabiliti come andamento dei prezzi al mercato all'ingrosso dell'energia e delle quotazioni internazionali degli idrocarburi come petrolio e gas.

Per i clienti serviti da fornitori del mercato libero i costi per la spesa della voce A sono stabiliti dal contratto di fornitura ed è su questi che si gioca la concorrenza tra le imprese di vendita. La voce B è conseguente di A per il 10,4%).

Mentre per le voci C-D-E-F-G, i costi sono uguali per tutti i fornitori.

Riassumiamo con una scheda nella pagina seguente:

Maggior Tutela		
Spesa materia Energia	Stabilita da	Remunera
PD	ARERA	Sistema
PCV	ARERA	Sistema
DispBT	ARERA	Sistema
PE	ARERA	AU
Perdite di rete	ARERA	AU

Mercato Libero		
Spesa materia Energia	Stabilita da	Remunera
PD	ARERA	Sistema
PCV	ARERA	Sistema
DispBT	ARERA	Sistema
PE	Fornitore	Fornitore
Perdite di rete	ARERA	Fornitore

Come vedremo in seguito occorre fare molta attenzione ai costi accessori eventualmente applicati che possono fare un grande differenza. Ne vedremo qualche esempio nei capitoli successivi.

Qui possiamo considerare un altro punto fermo che chiameremo:

SEGRETO n. 7: nella voce materia energia sono comprese sia

voci relative al sistema per far arrivare l'energia come dispacciamento, costi commercializzazione al dettaglio e questi sono uguali per tutti i fornitori e definiti trimestralmente dall'Autorità. Mentre la voce relative all'Energia Attiva (e le conseguenti perdite di rete per il 10,4%) è l'unica voce su cui un fornitore può intervenire. Occorre però fare attenzione ad eventuali costi accessori che un fornitore può decidere di applicare inserendoli nel contratto.

Gli oneri di sistema e il trasporto e gestione contatore

Andiamo a scoprire ora cosa è inserito nella voce oneri di sistema e quelli alla voce spesa per il trasporto e la gestione del contatore.

Cosa comprende la spesa per il trasporto e la gestione del contatore:

- una quota fissa per ogni contatore su base euro/anno;
- una quota potenza che si paga in proporzione alla potenza impegnata;
- corrispettivo per il trasporto, distribuzione e misura, il trasporto che copre i costi sostenuti da Terna S.p.a. per gestire la rete di

trasporto nazionale e la componente distribuzione a copertura dei costi del trasporto sulle reti locali, gestite dai vari distributori locali. La componente misura che serve a remunerare i costi per le letture dei contatori;

- le componenti UC3 e UC6. La UC3 copre gli squilibri dei sistemi di perequazione dei costi di trasporto e distribuzione. È applicata sui consumi euro/KWh. La UC6 serve a sostenere un sistema di incentivi per migliorare le reti di trasporto e distribuzione. È calcolata in parte in base alla potenza impegnata (euro/KWh/anno), in parte ai consumi effettuati (euro/KWh).

Quindi nella bolletta gli importi pagati per queste attività sono suddivisi in:
- quota fissa;
- quota potenza in base alla potenza disponibile o prelevata;
- quota variabile calcolata sui consumi effettuati.

Cosa sono e cosa comprendono gli oneri di sistema

Gli oneri di sistema sono importi che vengono fatturati e servono a coprire i costi relativi alle attività che sono di interesse generale per il sistema elettrico, anche questi sono stabiliti trimestralmente dall'Autorità e sono costi passanti che tutti i fornitori applicano. Le componenti che ne fanno parte sono:

- *ASOS* (ex A3) che sostiene gli incentivi alle fonti rinnovabili ed assimilabili, impianti fotovoltaici, eolici etc. I valori di questa componente sono decuplicati negli ultimi anni e sono ormai vicini o superano il costo effettivo dell'energia.
- *ARIM* che comprende una serie di voci che coprono costi come:

1. Messa in sicurezza delle centrali nucleari dismesse e le compensazioni sui loro territori.
2. Coperture di agevolazioni tariffarie riconosciute al settore ferroviario.
3. Copertura delle agevolazioni per le imprese a forte consumo di energia. Integrazioni delle imprese elettriche.
4. Copertura del Bonus Sociale o Bonus elettrico (questo costo non viene pagato dai clienti a cui viene riconosciuto il Bonus Sociale/Elettrico).

Tutti questi costi, sia quelli per il trasporto, distribuzione e misura che gli oneri di sistema sono stabiliti trimestralmente dall'Autorità, vengono definiti *costi passanti*. Significa che il fornitore li applica obbligatoriamente come stabilito dall'Autorità, li incassa e poi li gira ai distributori locali ed a Terna, senza guadagnarci nulla, ma questo andrebbe sempre controllato per essere sicuri che non vengano fatti errori. Per concludere la carrellata dei costi che compongono la bolletta che riceviamo ogni mese ci manca di citare la parte relativa alle imposte.

La componente "totale imposte ed IVA"

Sono le voci riguardanti l'imposta di consumo (accisa) e quelle relativa all'Imposta sul Valore Aggiunto cioè l'IVA. In fattura sono esposte in un riquadro in cui vengono evidenziate per l'accisa l'ammontare dei KWh a cui sono applicate le aliquote, l'IVA invece viene calcolata sulla base dell'imponibile, cioè sul totale dei costi.

L'IVA per i clienti domestici è pari al 10% mentre per le aziende può essere differenziata a seconda della tipologia di attività e può essere del 10% per le aziende produttive, agricole od estrattive o del 22% per tutte le altre.

Possiamo dire che abbiamo affrontato in maniera esaustiva questo capitolo sui concetti di tecnica di base dell'energia, su come si declinano le fasce orarie, su come si legge il contatore e sulla struttura del prezzo dell'energia. Facciamo un piccolo riassunto attraverso il riepilogo dei segreti di questo capitolo.

Prima di chiudere questo capitolo vorrei dirti una cosa che non ha a che fare con l'energia, ma coi tuoi soldi e come proteggerli, ed anche un po' con la tua conoscenza in generale. Ci sono studi che affermano che la lettura della maggior parte dei libri viene abbandonata entro il secondo capitolo o al massimo entro il terzo, tu sei già arrivato alla fine del secondo capitolo e quel che abbiamo affrontato finora è la parte per certi versi più ostica perché la più tecnica del tema energia, e diciamolo neanche tanto motivante e se sei arrivato fin qui è il momento di farti un complimento perché stai dimostrando di voler comprendere davvero.

Alcuni maestri di scrittura consigliano di scrivere il terzo capitolo più breve degli altri proprio per non far abbandonare la lettura, il capitolo che segue non è necessariamente più corto, anche per via delle tante immagini che vi troverai, sicuramente è a te più familiare ma forse anche quella che ti fa arrabbiare di più e proprio per questo è meglio che ci presti attenzione, parleremo della lettura della bolletta.

Te lo dico perché poi è importante che tu possa passare al quarto e fondante capitolo di questo libro, che di sicuro è meno "tecnico" dei primi.

Ora non mollare e prosegui nella lettura.

RIEPILOGO DEL CAPITOLO 2:

- SEGRETO n. 1: la *potenza disponibile* (i tuoi 3 KW di casa) determina una parte dei tuoi costi relativa agli oneri di sistema, per le aziende oltre alla potenza disponibile c'è anche la *potenza prelevata* nel mese a determinare i costi. Tutti questi costi sono uguali per qualsiasi fornitore, poiché stabiliti dall'Autorità – ARERA, ciò significa che nessun fornitore te li può far pagare di meno o di più.

- SEGRETO n. 2: *l'Energia Attiva* è quella che consumiamo e paghiamo al nostro fornitore, di fatto la parte su cui possiamo negoziare il prezzo.

- SEGRETO n. 3: la tipologia di contatore che hai può determinare la tipologia di prezzi che ti verranno applicati, ad esempio se hai un contatore mono-crario non potrai avere prezzi declinati per fasce o biorari.

- SEGRETO n. 4: i prezzi dell'energia cambiano a seconda delle ore e dei mesi dell'anno perché quando aumenta la domanda si chiamano a produrre centrali più costose che alzano il costo medio, ed anche per la naturale legge della domanda e dell'offerta.

- SEGRETO n. 5: ogni fine mese segna le letture del contatore, avrai uno storico dei tuoi consumi e/o potrai comunicarli al tuo fornitore se hai attivo il servizio di telelettura. Questo ti consentirà di evitare fatture calcolate su consumi presunti e di evitare eventuali spiacevoli conguagli sui consumi in fatture successive. Importante avere dati documentati nel caso avessi la necessità.

- SEGRETO n. 6: quando fai le letture del contatore il dato più direttamente coinvolto per le fatture che riceverai è quello relativo all'Energia Attiva. Sul display compare come lettura A1-A2-A3, che rappresenta i tuoi consumi. Ottieni il consumo del mese in corso sottraendo alle letture attuali quelle del mese precedente.

- SEGRETO n. 7: nella voce materia energia sono comprese le voci relative al sistema per far arrivare l'energia come dispacciamento, costi commercializzazione al dettaglio. Sono costi uguali per tutti i fornitori e definiti trimestralmente dall'Autorità. La voce relativa all'Energia Attiva (e le conseguenti perdite di rete per il 10,4%) è l'unica su cui un fornitore può intervenire, così come eventuali costi accessori che può decidere di applicare inserendoli nel contratto.

Capitolo 3:
Come leggere e capire la bolletta

Come previsto dall'Autorità per l'energia ARERA, dal 1 gennaio 2016 è stata istituita la così detta **Bolletta 2.0**, presentata come *"fattura più semplice ed intuitiva che espone in modo chiaro e sintetico le voci che la compongono"* e che avrebbe aiutato la trasparenza.

In realtà rispetto alla tipologia di fattura utilizzata prima, la Bolletta 2.0 da un lato ha di molto semplificato l'aspetto grafico diminuendo la quantità di voci espresse in chiaro, ma dall'altro ha sicuramente reso più complessa per il cliente la comprensione di cosa si sta effettivamente pagando. Questo a causa di un notevole e massiccio accorpamento delle voci che compongono la fattura.

Di fatto la Bolletta 2.0 è semplice ma non certo trasparente. Allora riepiloghiamo un concetto importante: quello che noi paghiamo al fornitore di energia, cioè quello che possiamo negoziare e scegliere di pagare sono: l'Energia Attiva in KWh ed eventuali costi accessori previsti dal contratto. Tutto il resto sono costi passanti che non rimangono nelle casse del fornitore.

Non so tu, ma trovo raramente persone che solo leggendo la Bolletta 2.0 sanno dirmi a quanto ammonta precisamente quella parte che effettivamente pagano al fornitore di energia.

Ci sarà probabilmente qualche sostenitore della Bolletta 2.0?
Tra i consumatori ne ho trovati pochi, a parte qualcuno che ha comportamenti un po' da struzzo e mette la testolina sotto la sabbia per non fare la fatica di capire come sta effettivamente spendendo i suoi soldi, *(anche se pare che quella dello struzzo con la testa sotto la sabbia sia una leggenda...è una metafora che rende sempre l'idea!)*, ed anche se è poco elegante occorrerebbe ricordare che con la testa sotto la sabbia c'è una parte che resta esposta e pericolosamente indifesa...!

Qui direi possiamo mettere alcuni punti fermi di questo capitolo.
SEGRETO n. 1: la Bolletta 2.0 è più semplice perché accorpa varie voci, ma così rende difficile la comprensione di cosa

stiamo effettivamente pagando al fornitore.

Quello che la grandissima parte dei consumatori non sa e potrebbe essere un elemento importante per le sue valutazioni è il **SEGRETO n. 2: utilizzare la modalità della Bolletta 2.0 non è un obbligo per i fornitori ma è una scelta, ciò significa che il fornitore può decidere di emettere una fattura specificando in modo più dettagliato i costi che la compongono, rendendo più agevole per il cliente comprendere per cosa sta spendendo i suoi soldi.**

Andiamo a vedere come si legge la Bolletta 2.0, strutturata secondo i termini stabiliti dall'Autorità per l'energia ARERA, nel mentre faremo anche un ripasso sul prezzo dell'energia. La fattura o Bolletta 2.0 deve necessariamente contenere:

- I dati del cliente e della fornitura.
- I dati relativi alla fattura.
- I dati delle letture, dei consumi e di eventuali ricalcoli.
- La sintesi delle voci di spesa e degli importi fatturati.
- Il costo medio unitario o le specifiche in dettaglio dei costi.
- Le informazioni sullo stato dei pagamenti e le eventuali

rateizzazioni.

- Informazioni periodiche.

Proviamo insieme ad identificare nella fattura i dettagli anche attraverso le immagini delle pagine a seguire. Lo faremo analizzando una fattura relativa al servizio di maggior tutela, quella di Servizio Elettrico Nazionale che è la più diffusa in Italia, ma ricordiamo che non vi sono molte differenze tra le fatture dei fornitori che hanno scelto di aderire all'uso della Bolletta.2.0.

Si lo so che a qualcuno sta già venendo prurito qua e là e che quel che affronteremo nelle prossime pagine potrebbe non essere proprio entusiasmante, ma stiamo parlando dei tuoi soldi ed anche della tua serenità nello spenderli per cui proseguiamo, poi vedrai che dopo questo capitolo le cose prenderanno un'altra piega.

Servizio Elettrico Nazionale

Servizio di Maggior Tutela
Casella postale 1100 - 85100 Potenza

Pagina 1

Domicilia
la tua bolletta e
attiva Bollett@Online,
ti restituiamo la cauzione
e ti aspetta uno sconto!
Vai alla sezione
"Informazioni per i clienti" così alto
servizioelettricoeradittosa.it

DATI FORNITURA

Forniamo energia in
Via ROMA 1
20100 MILANO

Tariffa bioraria
Tipologia cliente
Domestico residente
Tipologia pagamento
Bollettino di pagamento: scopri come
"Pagare la tua bolletta" nelle
informazioni per i clienti.
**Data di attivazione delle
condizioni contrattuali**
17/01/1996

Tipologia contatore
Contatore elettronico gestito per
fasce-(EF)
**Potenza contrattualmente
impegnata**
3 kW (chilowatt)
Potenza disponibile
3,3 kW (chilowatt)
Tensione di fornitura
230 V - monofase

P2P702902140010001
SPENL01715648 0028450047   MIOZ 01
            22462156 MDA7998300714Z
            9738   B   I

PAOLO ROSSI
VIA ROMA 1
20100 MILANO

N° CLIENTE
123456789

CODICE POD
IT001E123456789

CODICE FISCALE
PLORSS78L14F205Z

DATI BOLLETTA
Fornitura energia elettrica
N. Fattura 123456789876543
Del 06.12.2017

BIMESTRE
NOV.2017 - DIC.2017

TOTALE DA PAGARE

143,29 €
Entro il **27 12.2017**

TIPO FATTURA
ORDINARIA

GRAZIE!
I tuoi precedenti
pagamenti risultano
regolari!

SINTESI DEGLI IMPORTI FATTURATI

- Spesa per la materia energia (A) — 63,19 €
- Spesa per il trasporto dell'energia elettrica e la gestione del contatore (A) — 19,99 €
- Spesa per Oneri di Sistema (A) — 31,81 €
- Totale imposte e IVA (B) — 28,30 €

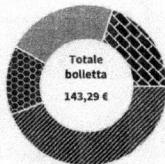

Totale bolletta
143,29 €

HAI UN GUASTO?
> PER SEGNALAZIONI
Numero Verde
e-distribuzione **803 500**,
attivo h24, da rete fissa o
cellulari
> PER INFORMAZIONI
scarica l'app gratuita
Guasti e-distribuzione o
invia un SMS con il tuo
Codice POD allo
320 20 41 500

CONTATTI UTILI
- **Sito web**
servizioelettriconazionale.it
- **Punto fisico** scopri quello
più vicino su
servizioelettriconazionale.it
- **Numero Verde** 800 900 800
- **199 50 50 55** a pagamento
da cellulari. Costo servizio a
cura dell'operatore
telefonico
- **Casella Postale** 1100 -
85100 Potenza

DETTAGLIO FISCALE

Totale spesa energia/trasporto/oneri di sistema (A)	114,99 €
Totale imposte e IVA (B)	
Accisa su kWh 672 a 0,022700 €/kWh	15,27 €
Importo IVA 10% (su imponibile di euro 130,26)	13,03 €
TOTALE DELLA BOLLETTA	143,29 €

AUTOLETTURA
Per la tua fornitura i consumi
sono stati rilevati
automaticamente.
Per ulteriori dettagli leggi sul
retro della bolletta.

Servizio Elettrico Nazionale SpA - Società con unico socio - Sede Legale 00198 Roma, Viale Regina Margherita 125 - Reg. Imprese di Roma, C.F. e P.I. 09633951000 - R.E.A. 1177794
Capitale Sociale 38.000.000,00 Euro i.v. - Direzione e coordinamento di Enel SpA.

I dati del cliente e della fornitura.

In questa sezione troveremo:

1. I dati relativi al titolare del contratto, nome e cognome o la ragione sociale nel caso di una azienda, l'indirizzo, che nel caso di una azienda deve essere quello della sede legale, che non necessariamente è l'indirizzo dove viene fornita l'energia.

2. I dati dell'indirizzo di fornitura identificano il luogo dove viene consegnata l'energia.

3. I dati fiscali del cliente, il codice fiscale nel caso dell'uso domestico, con aggiunta della P.IVA se si tratta di azienda.

4. Il codice cliente che il fornitore ha assegnato al cliente.

5. Il codice POD che è il codice che identifica il contatore.

6. I dati tecnici di fornitura cioè: la tipologia di contatore indicando se è mono-orario, per fasce od orario. La potenza contrattualmente impegnata *(la dimensione del tubo)*, la potenza disponibile e la tensione di fornitura indicando il voltaggio per i clienti domestici e specificando la tensione se BT o MT nel caso delle aziende.

7. La tipologia di cliente, se è domestico o altri usi per le aziende.

8. Il mercato di riferimento, deve essere indicato se il cliente è servito dal servizio di maggior tutela, quindi a condizioni economiche e contrattuali stabilite trimestralmente dall'Autorità – ARERA, o se è servito da un fornitore del mercato libero dove le condizioni economiche e contrattuali possono essere negoziate tra le parti tranne che per i costi passanti che sono uguali per tutti.

9. Indicazione col nome del fornitore in essere.

10. La data in cui è iniziata la fornitura con il fornitore o

l'inizio delle condizioni economiche in essere.

11. Dati della fattura, in cui vanno indicati il numero della fattura, la data di emissione ed il periodo di riferimento.

12. Gli estremi di pagamento, con importo da pagare, la data entro la quale occorre effettuare il pagamento.

13. Situazione dei pagamenti, indicando se risultano regolari o se ci sono fatture ancora insolute.

14. Tipologia di pagamento in essere. Vedremo in seguito che su questo aspetto i fornitori hanno comportamenti diversi che possono anche generare costi aggiuntivi.

15. Quadro di sintesi dei costi che indica gli importi da pagare per le diverse aggregazioni di voci di spesa, queste sono indicate nei punti seguenti

16. Spesa per la materia energia. Possono essere definiti anche come servizi di vendita e come abbiamo visto nel capitolo sul prezzo dell'energia questa voce accorpa diverse voci, di cui una parte è uguale per tutti in quanto costi passanti, cioè quelli che servono a far funzionare il sistema elettrico ed una parte è quella che invece va al tuo fornitore.

Ripassando il prezzo dell'energia quella parte che è uguale per tutti comprende le voci:
- **PD** = *Dispacciamento.*
- **PPE** = *Perequazione.*
- **PCV** = *Remunerazione delle attività commercializzazione e vendita.*
- **DispBT** = *Componente di dispacciamento.*

Il valore di tutte queste voci è stabilito trimestralmente dall'Autorità - ARERA. I costi controllabili sul sito dell'ARERA, in seguito vedremo come trovarli.

A queste voci uguali per tutti si aggiunge la parte che paghi al fornitore che è costituita dalla voce

PE **prezzo energia + le perdite di rete.** Questa voce è

anch'essa stabilità trimestralmente dall'ARERA se sei nel mercato di maggior tutela.

Maggior Tutela		
Spesa materia Energia	Stabilita da	Remunera
PD	ARERA	Sistema
PCV	ARERA	Sistema
DispBT	ARERA	Sistema
PE	ARERA	AU
Perdite di rete	ARERA	AU

Mercato Libero		
Spesa materia Energia	Stabilita da	Remunera
PD	ARERA	Sistema
PCV	ARERA	Sistema
DispBT	ARERA	Sistema
PE	Fornitore	Fornitore
Perdite di rete	ARERA	Fornitore

Mentre se sei servito da un fornitore del mercato libero, i prezzi sono quelli proposti dal fornitore ed in questo caso accorpate nella voce materia energia potrebbero esserci anche costi accessori previsti dal contratto che si è stipulato col fornitore. Mi viene da chiederti se così come è posto l'accorpamento di queste voci ti consente di comprendere velocemente quanto stai pagando l'energia al tuo fornitore.

Capirai bene che in un accorpamento così per definire quali sono i soldi che tu paghi per ogni KWh al tuo fornitore occorre avere qualche elemento in più, sei d'accordo?

Tieni presente che nella fattura che stiamo analizzando non sono presenti alcune sezioni che in qualche caso potrebbero comparire in una fattura di un fornitore, ovvero la *"sezione altre partite"* nella quale il fornitore può esprimere i costi accessori anziché accorparli nella voce materia energia.

Può esserci la sezione *"canone abbonamento TV"*, ed anche la sezione *"Bonus Sociale"* per chi ne ha diritto, oppure la sezione *"ricalcoli"* qualora fosse necessario addebitare o accreditare somme dovute appunto ai ricalcoli dei consumi per differenza tra consumi fatturati precedentemente come presunti e poi rettificati una volta fatte le letture oppure come di tanto in tanto avviene per un ricalcolo postumo dei costi passanti. Nella voce altre partite possono essere inseriti anche costi accessori presenti nella proposta del fornitore.

17. Spesa per il trasporto dell'energia e gestione del contatore,

questa voce comprende gli importi fatturati per alcune attività che consentono all'energia di arrivare alle nostre case, qui vi è compresa: la tariffa di trasporto relativa al trasporto nazionale, la tariffa di distribuzione che copre i costi del trasporto locale, la tariffa di misura che copre i costi di lettura contatore e trasmissione dei dati e le componenti UC3 e UC6 (le abbiamo tutte viste nel capitolo relativo al prezzo). Tutte queste voci sono uguali per tutti ed anche loro vengono stabilite trimestralmente dall'Autorità.

18. Spesa per gli oneri di sistema, in questa famiglia di voci sono compresi tutti gli importi che servono a coprire i costi relativi a tutte quelle attività di interesse generale del sistema elettrico (descritte nel capitolo prezzo dell'energia) anche queste sono stabilite dall'Autorità e sono uguali per tutti. Sia per queste voci che per quelle al punto 17, se qualcuno ti dice che te le fa pagare di meno sappi che ti sta dicendo una cosa che non è possibile fare.

19. Totale imposte, qui la somma delle imposte che tutti paghiamo sull'energia, accise ed IVA.

20. Quadro del dettaglio fiscale, qui vengono indicati nel dettaglio i costi relativi alle imposte, accise ed IVA,

calcolate sulla base dell'imponibile cioè la somma dei vari costi al punto 16-17-18.

21. Grafico ripartizione costi, la Bolletta 2.0 si è arricchita dell'elemento grafico che aiuta a comprendere in un colpo d'occhio la ripartizione dei costi delle quattro macro categorie di spesa.

22. Informazioni emergenza guasti, in ogni fattura va indicato il riferimento telefonico a cui rivolgersi in caso di guasti, il numero è quello del distributore locale e non quello del proprio fornitore, poiché è il distributore locale a gestire la rete di trasporto locale e la relativa assistenza. Il numero è sempre attivo h24.

23. Numero informazioni e reclami, di fatto è il numero del Servizio Clienti del fornitore, utile per tutte le questioni amministrative e commerciali o le informazioni che necessitino al cliente. Attenzione perché alcuni numeri sono gratuiti, come i Numeri Verdi, altri sono a pagamento 199 o 192. In questa sezione va indicato anche un recapito per la corrispondenza ed una mail per la posta elettronica.

24. Quadro servizio autolettura, questo riquadro può non essere presente.

Pagina 2

CONSUMI FATTURATI E DETTAGLIO LETTURE

(27)

🔵 QUALCHE DUBBIC /

C'è qualcosa che non ti è
chiaro della nuova bolletta? Vai
sul sito
servizioelettriconazionale.it e
consulta le sezioni "Guida alla
lettura" e "Glossario".

Consumo annuo	(25)	Consumi Effettivi *dal 03.10.2017 al 03.12.2017*	(26)	Consumo fatturato *dal 03.10.2017 al 03.12.2017*
F1 ▓ 1216		F1 ▓ 195		ORE PIENE (F1) 195
F2 ▓ 1408		F2 ▓ 248		
F3 ▓ 1520		F3 ▓ 268		ORE VUOTE (F23) 516
Totale energia *attiva kWh*............ 4144		*Totale energia* *attiva kWh*............ 711		*Totale energia* *attiva kWh*............ 711
Somma dei consumi fatturati negli ultimi 12 mesi		Consumi attribuiti sulla base delle letture rilevate dal distributore e/o da autoletture		Consumo fatturato nel periodo in base alla tariffa applicata

Dettaglio delle letture

(28)

Data	Energia attiva			Tipo
	F1	F2	F3	
03.10.17	6131	9780	31571	reale
11.10.17	6218	9907	31707	reale
30.11.17	6321	10021	31830	reale
03.12.17	6326	10028	31839	reale

Abbiamo calcolato questa bolletta tenendo conto delle letture sopra esposte. Gli importi relativi a eventuali letture stimate saranno oggetto di successivo ricalcolo.

Potenza Massima
Potenza massima rilevata il 10/2017: 3,000 kW
Potenza massima rilevata il 11/2017: 3,000 kW

(29)

25. Consumo annuo, la fattura deve sempre indicare il totale del consumo totale degli ultimi 12 mesi e la ripartizione dei consumi nelle 3 Fasce Orarie F1, F2, F3.

26. Consumo mensile, la fattura deve sempre indicare i consumi relativi al mese a cui la fattura fa riferimento, dovrà essere presente il consumo totale del mese e quello nelle 3 fasce orarie. Occorre anche che venga specificato se sono consumi effettivi, cioè derivano da lettura del contatore o se sono presunti dall'andamento storico. Cosa possibile che avviene quando il fornitore non ha ricevuto le letture dal

distributore locale.

27. Consumo fatturato, se la formula utilizzata per l'applicazione dei prezzi non è quella a tre fasce sarà indicato mediante quale modalità verrà venduta l'energia sia essa per 3 fasce, bioraria, mono-oraria o altre modalità proposte dal fornitore. Nel caso della fattura analizzata, si tratta della formula bioraria del servizio di maggior tutela.

28. Quadro dettaglio letture, in questa sezione dovranno essere indicati i dettagli delle letture specificando la data delle letture, il valore espresso nella lettura e se il dato è reale o presunto.

29. Potenza massima. Nella fattura dovrebbe sempre comparire il dato relativo alla potenza massima rilevata nel periodo. Nel caso dei consumi aziendali è un dato che determina anche i costi di trasporto e distribuzione.

INFORMAZIONI PER I CLIENTI	30	

Se hai attivato **Bollett@Online** e paghi la bolletta con **domiciliazione** bancaria, postale o su carta di credito, hai diritto ad uno sconto. L'importo dello sconto, previsto dall'Autorità per l'energia elettrica, il gas e il sistema idrico (AEEGSI) con l'allegato A alla Delibera 501/2014/R/COM e s.m., è il seguente:

Tipologia di Cliente	Importo annuo dello sconto (valido per singola fornitura)*
Clienti Domestici	6,00 euro
Clienti Altri Usi	6,60 euro

*L'importo annuo in tabella si riferisce al caso di una fornitura con tutte le fatture emesse in formato elettronico.

Attiva Bollett@Online, ti aspetta uno sconto!

Se hai già attivato **Bollett@Online e domiciliato i pagamenti delle fatture**, lo sconto ti verrà riconosciuto a rate nelle fatture emesse in formato elettronico secondo la periodicità di fatturazione.

Se non l'hai già fatto, affrettati a **domiciliare la tua bolletta** e a richiedere **Bollett@Online. Attivare la domiciliazione bancaria e la Bollett@Online è facile e gratuito** e puoi farlo da casa tua, collegandoti al sito servizioelettriconazionale.it. Riceverai la bolletta via email e con un semplice click, potrai visualizzarla e scaricarla. Un mondo di comodità ti aspetta!

Attenzione: lo sconto non è applicabile se revochi la domiciliazione dei pagamenti o se disattivi **Bollett@Online** per tornare alla bolletta cartacea.

Costo dell'energia

In questa bolletta trovi applicate le condizioni economiche fissate dall'Autorità per l'energia elettrica, il gas e il sistema idrico (AEEGSI).
L'ultimo aggiornamento riferito al IV trimestre 2017 è stato disciplinato dalle Delibere 633/2016/R/eel, 778/2016/R/eel, 779/2016/R/eel, 799/2016/R/com e 656/2017/R/eel, 657/2017/R/eel.
Vuoi saperne di più? Vai su servizioelettriconazionale.it, nella sezione "Condizioni Economiche" per avere tutti i dettagli.

(circled numbers: 31, 32)

30. Quadro informazioni clienti è quella sezione della fattura in cui il fornitore da informazioni di vario genere, vediamone qualcuna (nella pagina seguente l'immagine che ti aiuta).

31. Informazioni sui sistemi di pagamento, nel caso della fattura presa in esame vediamo che questo cliente paga sicuramente con bollettino postale e non ha attivato il servizio di domiciliazione bancaria, postale o su carta di credito. La domiciliazione, in queste modalità, in questo caso farebbe risparmiare al cliente 6 euro all'anno, poca

cosa per qualcuno ma *"i risparmi si fanno sommando goccia qui e goccia là"* mi diceva mia nonna.

Se ci pensi per questo cliente già questa informazione vale buona parte del prezzo di questo libro, tieni poi conto che in alcuni casi ci sono fornitori che applicano costi nel caso di pagamento con bollettino, per cui per qualcuno quei 6 euro diventano molto di più. Sommaci poi il valore del tempo risparmiato ogni mese per effettuare il pagamento.

32. Informazioni costo energia, questa sezione è presente in genere solo in fatture del servizio di maggior tutela e come vedi conferma che le tariffe sono stabilite dall'Autorità per l'energia. In questa fattura la vedi nominata come AEEGSI, ma dal 1 gennaio2018 si chiama ARERA. Come vedi dice che gli aggiornamenti sono trimestrali. Nelle fatture dei fornitori del mercato libero questa sezione può essere sostituita con le informazioni su aggiornamenti prezzi e tariffe. A questo tipo di informazioni occorre prestare molta attenzione, poiché molti contratti prevedono aggiornamenti automatici delle condizioni economiche che potrebbero cambiare in modo poco favorevole al cliente. Per cui massima attenzione.

Pagina 3

33 Costo medio
In questa bolletta il costo medio unitario è 0,20 €/kWh. La cifra è calcolata come rapporto tra quanto complessivamente dovuto e i kWh fatturati, al netto di quanto fatturato nella voce altre partite. Invece il costo medio unitario relativo alla spesa per la materia energia è 0,09 €/kWh. Quest'ultimo è calcolato come rapporto tra quanto dovuto per la voce spesa per la materia energia e i kWh fatturati.

34 I tuoi consumi fasce orarie
Per rendere più chiaro il tuo profilo sul consumo orario, le letture del tuo contatore vengono rilevate secondo tre differenti fasce orarie (come previsto dalla delibera AEEGSI 301/2012/R/eel). Vuoi conoscere le fasce orarie? Vai su servizioelettriconazionale.it, clicca "Condizioni Economiche" ed entra nella sezione "Tariffe Biorarie". Nella bolletta vedrai che i consumi delle fasce orarie F2 e F3 sono sommati in un unico valore di kWh al quale vengono applicati i costi relativi al periodo di fatturazione.

35 In caso di assenza di letture reali da due o più mesi, comunica la lettura del tuo contatore. Per sapere se puoi fornirci l'autolettura, controlla il box nella prima pagina della bolletta!
Per sapere se puoi fornirci l'autolettura, controlla il box "Autolettura" presente nelle prime pagine della bolletta. Se comunichi l'autolettura nel periodo indicato, le bollette ricevute saranno calcolate sui consumi reali.
Nel caso in cui la comunicazione dell'autolettura avvenisse al di fuori del periodo indicato potrebbero essere presenti in fattura consumi stimati.
Se il tuo contatore è elettronico, di norma i tuoi consumi vengono rilevati automaticamente. Tuttavia, in caso di assenza di letture reali da due o più mesi, puoi comunicare la lettura del tuo contatore.
Se nel frattempo i tuoi consumi dovessero pervenire automaticamente tramite teleletura, non sarà comunque consentita la comunicazione dell'autolettura.
Per comunicarci l'autolettura, prendi nota del numero cliente (lo trovi nella prima pagina della bolletta) e lo puoi leggere sul display del contatore) e dei valori delle letture A1, A2 e A3.
Puoi rilevare le letture cliccando più volte sul pulsante del contatore elettronico fino a trovare, per ognuna delle tre fasce orarie, la "lettura periodo corrente" (A1 è la fascia F1 delle ore di punta, A2 è la fascia F2 delle ore intermedie e A3 è la fascia F3 delle ore fuori punta).
Se hai una fornitura con potenza superiore a 16,5kW, puoi trovare tutte le informazioni per fornirci la tua autolettura sul sito servizioelettriconazionale.it
Le modalità sono tante, tutte comode e facili:
- accedi alla sezione Area Clienti su servizioelettriconazionale.it. Sul nostro sito troverai anche la guida interattiva al servizio di autolettura e alle modalità per effettuare le rettifiche di fatturazione (Contatore-Perché fare l'autolettura);
- chiama il Numero Verde gratuito 800 900 800, gratuito da rete fissa. Da cellulare puoi utilizzare il numero a pagamento 199 50 50 55 al costo applicato dal tuo operatore telefonico. Una voce preregistrata ti aiuterà nella comunicazione della lettura. Per ulteriore assistenza, puoi parlare con un nostro operatore;
- vai al Punto fisico (per trovare il Punto fisico più vicino a te, vai su servizioelettriconazionale.it)
Le lettura da te comunicata verrà utilizzata nella prossima fattura a meno che non sia annullata dal distributore.

Gestisci il tuo contratto con una
Puoi sottoscrivere, modificare o disdire un contratto, attraverso il numero verde 800 900 800, gratuito da rete fissa nazionale oppure il numero 199 50 50 55 a pagamento da cellulare (il costo è stabilito dal tuo operatore). Allo stesso modo puoi ricevere assistenza commerciale per la tua fornitura. I nostri consulenti li trovi tutti i giorni. Ricordati sempre di avere a portata di mano il

33. Costo medio, in questa sezione devono essere indicati il costo medio unitario ed il costo medio unitario per la materia energia. Il *Costo medio* unitario viene calcolato dividendo il totale della spesa, al netto di ciò che viene fatturato alla voce altre partite, per i KWh fatturati. Il *costo medio unitario per la materia energia* viene calcolato dividendo la spesa della voce Materia energia diviso i KWh fatturati.

E anche qui occorre fare attenzione perché il valore del costo medio per la materia energia calcolato in questo modo non esprime il costo effettivo per KWh che tu paghi al fornitore (quello che puoi negoziare), in quanto ti ricordo che la spesa per la materia energia contiene una parte dei costi passanti, che sono una parte in quota fissa euro/anno ed una parte in quota proporzionale ai consumi euro/KWh.

La parte proporzionale è costituita dalle voci: PD, PPE, PCV, DispBT, tutte queste voci insieme alla quota fissa sono costi passanti che il fornitore incassa e gira ai vari attori del sistema elettrico. A queste voci si aggiunge la voce PE prezzo energia e le eventuali voci accessorie. PE + voci accessorie sono ciò che effettivamente corrispondono alle uniche voci che restano nelle sue tasche del fornitore.

34. Consumi in fasce orarie, in questa sezione sono indicate le composizioni delle fasce orarie, che abbiamo detto possono essere applicate in forma a tre fasce od in forma bioraria. Per il cliente del servizio di maggior tutela, la formula bioraria corrisponde a: *F1 = Fascia alta* e *F2+F3 Fascia bassa*. Per i clienti del mercato libero possono esserci diverse forme di biorarie proposte dai fornitori, la più usata è: dalle 8 alle 20 da lun a ven = fascia alta mentre dalle 20

alle 8 da lun a ven + sab + dom e festivi = fascia bassa.

35. Informazioni su letture e autoletture qui sono racchiuse informazioni sulla possibilità di fare autoletture e le relative spiegazioni

A tutte queste informazioni che abbiamo elencato ne possono seguire altre che possono essere di carattere periodico, come ad esempio le informazioni sul Mix Energetico che deve indicare delle tabelle con percentuali relative alla provenienza delle fonti di produzione sia del fornitore che a livello nazionale. Questa sezione è obbligatoria almeno ogni quadrimestre.

Occorre sempre leggere le comunicazioni della fattura poiché potrebbero esserci informazioni di carattere straordinario come gli aggiornamenti dei prezzi o cambiamenti normativi. Direi che è il momento di mettere due punti fermi.

SEGRETO n.3: la voce spesa per la materia energia non rappresenta il prezzo dell'energia che stai pagando al tuo fornitore e che puoi negoziare, perché all'interno di questa famiglia di costo ci sono una serie di voci che corrispondono a

costi passanti che sono presenti per tutti i fornitori e che non restano nelle casse del fornitore. Insieme a queste voci possono essere fatturati altri costi accessori presenti nel contratto sottoscritto, altri costi accessori, invece, possono essere inseriti in una sezione altre partite.

SEGRETO n. 4: Occorre sempre leggere tutte le comunicazioni della fattura poiché potrebbero esserci informazioni di carattere straordinario come gli aggiornamenti dei prezzi che potrebbero penalizzarti o cambiamenti normativi che ti riguardano.

La fattura che abbiamo analizzato è relativa ad un cliente servito dal servizio di maggior tutela, ma normalmente rispecchia anche le fatture dei fornitori che hanno aderito all'utilizzo del formato Bolletta 2.0. Ci sono poi alcuni fornitori del mercato libero che hanno scelto di esprimere in fattura i prezzi in modo più dettagliato, dando modo al consumatore di avere una maggiore evidenza di cosa e quanto sta pagando per ogni KWh.

A quali aspetti fare particolarmente attenzione

Per i punti da 1 a 14 controlla che i dati espressi siano corretti. Verifica il punto 8 per sapere se sei ancora in maggior tutela o sei già nel mercato libero *(non hai idea di quante persone non hanno consapevolezza di questo e sono nel mercato libero senza saperlo)*.

Tieni monitorato il punto 10 per evitare che il contratto sia troppo vecchio o che l'aggiornamento delle condizioni economiche sia vicino o ancora peggio avvenuto senza che te ne sia accorto. Poni attenzione ai punti 13 e 14 per esser certo di non aver costi inutili, come interessi per ritardi nei pagamenti o modalità di pagamento che ti penalizzano.

Naturalmente controlla i punti del quadro 15, cioè i punti da 16 a 20, che ti indicano la tua spesa totale, poiché sarà utile per segnartela sul tuo bilancio familiare. Se non ne hai fatto uno inizia a farlo, un ottimo aiuto in questo io l'ho trovato negli insegnamenti di Roberto Pesce un esperto di Intelligenza Finanziaria, *"Controlla le tue spese o saranno loro, prima o poi a controllare te"*, uno dei suoi insegnamenti che appare banale e proprio per questo sottovalutato, quindi pericolosamente poco praticato.

Inoltre in rete puoi trovare strumenti e piccoli software che ti aiutano a gestirlo, se invece preferisci scrivere sulla carta un buon aiuto è *l'Agenda Kakebo*.

Kakebo *(si pronuncia Kakeibo)* è un termine il cui significato è "libro dei conti di casa", in realtà è ben più di un taccuino dei conti, di fatto un metodo che in Giappone è usato da tutti e viene insegnato anche ai bambini nelle scuole, naturalmente adattandolo alla loro età, dove già da bambini si impara a tenere nota delle entrate e delle spese. Se ci pensi non è un caso se poi si vedono un sacco di giapponesi in giro per il mondo a fare i turisti.

È un ottimo strumento anche per aiutarsi a riflettere sulle proprie abitudini di gestione delle spese ed imparare a risparmiare e gestire al meglio le proprie finanze. Secondo i giapponesi aiuta ad abbattere lo stress da cattiva gestione ed è anche un modo per aumentare la propria autostima, al punto che viene considerato uno strumento per liberare le energie mentali e favorire la tranquillità dell'anima.

I punti dal 25 al 28, quelli che riguardano i tuoi consumi vanno sicuramente controllati e confrontati con le letture che hai rilevato tu usando la scheda che hai trovato nel capitolo precedente. Controlla che ci sia corrispondenza e nel caso non ci fosse contatta il fornitore, per chiedere una rettifica, se hai la foto delle letture ancora meglio. Veniamo al punto 33, quello che indica il costo medio.

Questa sezione dovrebbe, ed il condizionale non è a caso, aiutare il consumatore a comprendere quanto sta pagando l'energia. In realtà se aiuta a identificare un costo medio globale, cioè comprendente tutti i servizi che concorrono al fargli avere l'energia, non mette comunque il cliente in condizione di sapere quanto sta dando al suo fornitore per ogni KWh di energia fornita.

Come già espresso all'inizio del capitolo utilizzare la modalità della Bolletta 2.0 non è un obbligo per il fornitore e laddove ci sono fornitori che in fattura esprimono in modo dettagliato i prezzi per KWh la sezione costo medio potrebbe non essere presente, di fatto non serve perché hai il dettaglio voce per voce.

Fino al 30/6/2019 per il servizio di maggior tutela trovi i prezzi sul sito dell'Autorità nella sezione "atti e provvedimenti" consultando la delibera trimestrale che aggiorna i prezzi, oppure digita "aggiornamento trimestrale" nella funzione ricerca del sito, ad esempio per il 1 trimestre 2018 la trovi qui https://www.arera.it/it/docs/17/924-17.htm

Nell'immagine seguente la freccia ti indica dove cliccare.

Delibera 28 dicembre 2017
924/2017/R/eel

Aggiornamento, per il trimestre 1 gennaio - 31 marzo 2018, delle condizioni economiche del servizio di vendita dell'energia elettrica in maggior tutela e modifiche alla deliberazione dell'Autorità 369/2016/R/eel	
INDICAZIONI GENERALI	Settore: Energia Elettrica Attività: Vendita Argomento: Condizioni economiche per il servizio di maggior tutela Ufficio Responsabile: DMRT Direzione Mercati Retail e Tutele dei Consumatori di Energia Contatti: mercati-retail@autorita.energia.it @autorita.energia.it
DESCRIZIONE SINTETICA	Il presente provvedimento aggiorna, per il trimestre 1 gennaio - 31 marzo 2018, le condizioni economiche del servizio di vendita dell'energia elettrica nell'ambito del servizio di maggior tutela come riformato dalla deliberazione 633/2016/R/eel ed apporta modifiche all'allegato A alla deliberazione 369/2016/R/eel.
TIPOLOGIA ATTO	Deliberazione
RIUNIONE	1000
COMUNICATI STAMPA	29.12.2017
TESTO	Testo in formato PDF
ALLEGATI	Tabelle

Cliccando su tabelle si aprirà un foglio Excel che indica i prezzi del trimestre, lo vedi riportato qui con alcune spiegazioni. Nella tabella alla pagina seguente ci sono i prezzi per il cliente in maggior tutela nel 1° trimestre 2018, *(te li ho evidenziati per aiutarti a identificarli meglio),* in giallo i prezzi per uso domestico, in verde quelli per uso aziendale.

Tabella 1.1: Parametro PE_M, di cui al comma 10.3 lettera b), comma 10.5 lettera a) punto ii,

Tipologie di contratto di cui comma 2.3 del TIV	PE (centesimi di euro/kWh)	prezzo per contatori domestici monorari
Prezzi per il trimestre		
lettera a) Utenza domestica in bassa tensione	6,804	prezzo per contatori aziendali monorari
lettera b) Utenze in bassa tensione di illuminazione pubblica	6,364	
lettera c) Altre utenze in bassa tensione	7,138	

Tabella 1.2: Parametro PE_F, di cui al comma 10.6 lettera b) punto ii, corretto per le perdite di

Tipologie di contratto di cui comma 2.3 del TIV	PE (centesimi di euro/kWh)		
	F1	F2	F3
lettera c) Altre utenze in bassa tensione	7,580	7,214	5,627

Tabella 1.3: Parametro PE_{bio}, di cui al comma 10.3 lettera a) e comma 10.6 lettera b) punto i,

Tipologie di contratto di cui comma 2.3 del TIV	PE (centesimi di		prezzi biorari domestici
	F1	F23	prezzi biorari aziende
Prezzi per il trimestre			
lettera a) Utenza domestica in bassa tensione	7,576	6,393	
lettera c) Altre utenze in bassa tensione	7,580	6,327	

Tabella 1.4: Parametro PE_F^{mens}, di cui al comma 10.5 lettera a) punto i e comma 10.6 lettera

Tipologia di contratto di cui comma 2.3 lettere b) e c) del TIV	PE (centesimi di euro/kWh)		
	F1	F2	F3
Prezzi mensili — prezzi per aziende con contatori per fasce o orari			
Mese di gennaio	8,075	7,706	5,866
Mese di febbraio	7,553	7,143	5,585
Mese di marzo	7,071	6,846	5,378

Mentre se sei un cliente del mercato libero ed il tuo fornitore usa la fattura in formato Bolletta 2.0 un modo per calcolare quanto effettivamente stai dando al tuo fornitore sarebbe quello di effettuare in calcolo scorporando dal costo medio tutte le voci di quei costi passanti che non finiscono nelle tasche del fornitore. Non è così immediato anche perché alcune quote sono espresse per quota fissa annua come:

- la quota fissa per utilizzo del contatore;

- la quota PCV;

- una parte di Quota DispBT in quota fissa annua.

Invece calcolate sulla base dei KWh consumati sono:

- la quota PD;

- la quota PPE.

Ed altre ancora sulla base di scaglioni di consumo come:

- una parte della quota DispBT che da 0 a 1800 KWh ha un valore per KWh e sopra i 1800 ne ha un altro.

Capirai che considerate le variabili occorre un bel po' di pazienza e sapere dove reperire i dati che vengono aggiornati trimestralmente dall'Autorità e poi riuscire a fare calcoli che per i più sono complessi ed anche noiosi. I dati li puoi trovare qui https://bolletta.arera.it/bolletta20/index.php/guida-voci-di-spesa/elettricita anche qui tra poco puoi vedere un'immagine che ti aiuta nel capire cosa fare per trovarli: clicca poi sulla voce domestici, freccia blu, se vuoi verificare i costi per uso domestico o su non domestici, freccia rossa, se vuoi controllare i costi per uso aziendale.

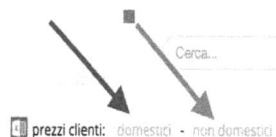

Si lo so che ti sembra tutto complicato, e lo è. Vista la complicazione di fare i conti come fare quindi per sapere cosa stai pagando? Puoi semplificarti la vita e chiedere al tuo fornitore di ricevere la Bolletta Trasparente o Fattura in Dettaglio. Se non fosse disponibile a fornirtela hai già un bel parametro di valutazione sulla tipologia di servizio che ha deciso di offrirti.

Un altro modo, utile comunque per un controllo, è quello di avere sempre a disposizione il contratto di fornitura completo, sia delle condizioni economiche che delle condizioni generali di fornitura (CGF), il contratto è la vera cartina di tornasole, poiché ciò che paga il consumatore è definito dal contratto. Certo occorre imparare e leggerlo il contratto, ma questo lo vedremo più tardi. Visto quanto sopra emergono un paio dei nostri consueti segreti.

SEGRETO n. 5: se la Bolletta 2.0 non ti aiuta a definire il prezzo reale che stai pagando per i KWh puoi richiedere al tuo fornitore la bolletta trasparente o fattura di dettaglio. In questo modo avrai il dettaglio dei costi e ti sarà più semplice identificare il prezzo che stai pagando per ogni KWh, sommando: costo dell'energia attiva PE + costi accessori.

SEGRETO n. 6: il contratto di fornitura completo delle condizioni economiche e delle condizioni generali di fornitura è lo strumento migliore per capire quel che stai pagando, poiché la fattura esprime sempre quel che è scritto nel contratto.

Se il fornitore applicasse qualcosa di diverso da quanto definito dal contratto commetterebbe un illecito contrattuale e nessuno si assume questo rischio poiché le pene in caso di contenzioso sono davvero pericolose. Per cui fai attenzione e fatti sempre dare il contratto completo al momento della firma, in assenza di disponibilità a lasciartelo non accettare.

Tenendo conto di questo ultimo aspetto *"la fattura esprime sempre quel che è scritto nel contratto. Se non fosse così il fornitore commetterebbe un illecito contrattuale e nessuno si assume questo rischio poiché le pene in caso di contenzioso sono davvero pericolose"* possiamo ritornare un attimo ai falsi miti citati all'inizio del primo capitolo, in particolare al numero 4 quello che diceva: *"Tanto i fornitori fanno quello che vogliono loro, ti scrivono una cosa nel contratto e poi ti fatturano quello che vogliono"*.

Dovresti ora aver compreso che i fornitori non rischiano un contenzioso per illecito contrattuale fatturando cose diverse dal contratto, a volte può capitare che nel sistema di vendita di qualche fornitore l'esposizione delle informazioni potrebbe non essere del tutto chiara al consumatore, ma in questa situazione nei casi più gravi, il fornitore può incorrere in multe per pratiche commerciali scorrette o per pubblicità ingannevole, con pene o ripercussioni in realtà molto meno rilevanti rispetto a quelle per illecito contrattuale.

C'era un altro falso mito, il 5°: *"Si, all'inizio risparmi con tutti poi però ti ritrovi a spendere di più"*. Questo è un falso mito a metà poiché in realtà è vero che potresti trovarti a spendere di più dopo un po', questo potrebbe accadere se non fai attenzione agli aggiornamenti delle condizioni economiche o a volte se fai diventare il tuo contratto obsoleto. Per cui sempre attenzione a questo aspetto, come visto nella analisi della fattura.

RIEPILOGO DEL CAPITOLO 3:

- SEGRETO n. 1: la Bolletta 2.0 è più semplice ed intuitiva perché accorpa varie voci, ma così rende difficile la comprensione di cosa stiamo effettivamente pagando al fornitore.
- SEGRETO n. 2: utilizzare la modalità della Bolletta 2.0 non è un obbligo per i fornitori ma è una scelta. Il fornitore può decidere di emettere una fattura specificando in modo più dettagliato i costi che la compongono, rendendo più agevole per il cliente comprendere per cosa sta spendendo i suoi soldi.
- SEGRETO n.3: la voce spesa per la materia energia non rappresenta il prezzo dell'energia che stai pagando al tuo fornitore. All'interno di questa famiglia di voci ci sono una serie di costi che corrispondono a costi passanti presenti per tutti i fornitori e che non restano nelle casse del fornitore. Insieme a queste voci possono essere fatturati altri costi accessori presenti nel contratto sottoscritto, altri costi accessori possono essere inseriti in una sezione Altre Partite.
- SEGRETO n.4: Occorre sempre leggere tutte le comunicazioni della fattura poiché potrebbero esserci

informazioni di carattere straordinario come gli aggiornamenti dei prezzi che potrebbero penalizzarti o cambiamenti normativi che ti riguardano.

- SEGRETO n. 5: Puoi richiedere al tuo fornitore la bolletta trasparente o fattura di dettaglio. In questo modo avrai il dettaglio dei costi e ti sarà più semplice identificare il prezzo che stai pagando per ogni KWh, sommando: costo dell'energia attiva PE + costi accessori.

- SEGRETO n. 6: il contratto di fornitura completo delle condizioni economiche e delle condizioni generali di fornitura è lo strumento migliore per capire quel che stai pagando, poiché la fattura esprime sempre quel che è scritto nel contratto.

Capitolo 4:
Come prendere le giuste decisioni

In questo capitolo, che avrebbe potuto chiamarsi anche *"I perché delle tue scelte"*, parleremo un po' di te e dei tuoi valori, quelli con cui sei abituato a fare le tue scelte, magari anche attraverso qualche esercizio, andremo ad individuarli insieme in modo che tu possa razionalizzarli meglio e farli diventare un punto di riferimento più consapevole da usare nel momento delle tue scelte.

Se sei d'accordo prima ti parlerò un pochino anche di me e del perché ho deciso di scrivere questo libro, finora sai solo che da anni per professione aiuto le aziende a risparmiare sui costi energetici, tranquillo non ti farò tutto il mio curriculum, però è giusto che tu sappia che opero nel settore da ormai 15 anni, lo faccio collaborando con una multinazionale del settore dapprima come consulente commerciale e poi da manager.

Ad oggi insieme al mio team sono oltre 8.000 le imprese che abbiamo aiutato ad ottenere risparmi e soddisfazioni in un percorso basato su trasparenza, spirito di collaborazione, fiducia reciproca e negli ultimi anni ogni anno oltre 1.000 nuove imprese si affidano alla consulenza offerta insieme ai miei collaboratori.

Non ti nascondo che sono stati anni in cui si è dovuto profondere un grandissimo impegno ed anche anni entusiasmanti per certi versi, che hanno portato ad avere ottime soddisfazioni personali ed economiche, ho imparato davvero tanto e conosciuto tante belle persone. Sono stati 15 anni di continui cambiamenti di regole, di mercato, di strategie delle aziende, di innovazioni e diciamocelo anche di un po' di nebbia che ha avvolto la visione e le scelte dei consumatori.

Ora sai che nel mio quotidiano io lavoro solo con le aziende, il mio mercato e quello dell'azienda con cui collaboro, dunque solo quello dei clienti business in genere con consumi importanti. Non ho quindi nessun interesse personale riguardo ai clienti domestici e questo ti dà la garanzia che quanto scritto in questo libro e nei capitoli seguenti è scritto da una posizione neutrale.

Qualche amico a conoscenza del progetto di questo libro mi ha domandato: *"Perché, con gli impegni che hai e tutto quel che fai già, hai deciso di impegnarti anche a scrivere questo libro?"*.

Beh non certo perché coi libri si diventa ricchi, non è un segreto che con le vendite dei libri di soldi se ne fanno pochi, anzi.

Sono più di una le ragioni per cui ho deciso di impegnarmi in questa avventura, non così semplice, di scrivere un libro su come scegliere un fornitore di energia e di farlo con completezza di informazioni e soprattutto di scriverlo senza approfittare delle mancanze di qualche attore del mercato ed urlare in modo polemico, cosa che come immagini attirerebbe molta più attenzione e farebbe vendere qualche libro in più.

In realtà ti devo confessare che è una idea che risale ad un po' di tempo fa verso gli inizi del 2015, idea che nacque dopo qualche giorno in cui scoprii che mio papà, allora buon ottantenne, senza esserne consapevole fu indotto a sottoscrivere un contratto che gli faceva spendere oltre il 20% in più del precedente.

Non ti nascondo che questa cosa fu un motivo di scontro con mio padre, io forse un po' colpito nell'orgoglio del non esser stato consultato mi arrabbiai un bel po' con lui e fu una delle rarissime volte nella nostra vita che discutemmo con un po' di animosità. Poi mi resi conto che alla fine lui si era solo fidato di chi, usando il nome di un fornitore abituale in casa sua, aveva approfittato un po' della sua fiducia e della sua non conoscenza in materia. La nostra discussione rientrò presto e tutto tornò nella giusta armonia.

Non che io non fossi cosciente che con le aziende questa situazione non avvenisse con frequenza, ma nei giorni seguenti chiedendo a diverse persone scoprii decine di famiglie in queste situazioni. Aiutai qualche amico a risolvere le inefficienze nell'acquisto di energia dandogli qualche consiglio e si fece largo in me l'idea di creare qualcosa che informasse ed aiutasse i consumatori a comprendere in modo semplice e chiaro, per poter decidere in modo consapevole sui fornitori di energia.

Poi la routine del quotidiano ed i già tanti impegni mi portarono a lasciare quest'idea nel cassetto.
Poco più di un anno dopo mio papà ci lasciò improvvisamente e

dopo un po' nel tardo autunno del 2017 lo fece anche mia mamma. Rimettendo a posto le loro scartoffie mi sono ritrovato una delle fatture relative a quella scelta di allora e l'idea di quel raro momento di discussione, per quanto risolta, è tornata un po' a turbarmi. Mi ritrovai a pensare che mio padre era un uomo mite e colto, divorava libri in continuazione e quando ogni tanto mia mamma chiedeva di disfarsi di qualcuno degli innumerevoli libri che riempivano la casa, la risposta da parte di mio padre era spesso: *"I libri ed il sapere non si buttano mai via, semmai si tramandano"*.

Lasciai passare quei pensieri, ma di tanto in tanto quel turbamento e quella frase di mio padre sentita tante volte si sono riaffacciati nella mia mente.

Nel tempo mi sono reso conto che sempre più spesso amici e conoscenti mi chiedevano un parere ed un consiglio per la loro bolletta di casa e molti mi hanno chiesto come trovare informazioni corrette condensate in un unico testo, qualcun'altro mi ha chiesto espressamente di scrivere qualcosa a riguardo.

I cambiamenti normativi previsti per luglio 2019, coi possibili pericoli per i consumatori, ed una chiacchierata con una delle persone che mi è capitato di aiutare (la quale mi ha fatto notare come, in tempi come quelli che viviamo, per molte persone e famiglie anche un risparmio di solo un centinaio di euro è importante), mi ha riportato ancora una volta alla mente quella frase: *"I libri ed il sapere non si buttano mai via, semmai si tramandano"* e con lei anche una domanda ha cominciato a frullare per la testa: *"Il tuo sapere a che serve se lo tieni solo per te?"*.

È così che l'idea di questo libro è tornata forte in me e ho deciso di impegnarmi a scriverlo. Sapere di poter essere utile e di poter fare qualcosa per aiutare le persone a non sprecare denaro ed a vivere più consapevolmente e serenamente il rapporto col proprio fornitore di energia è cosa che mi piace. Ecco, contribuire a questo è per me motivante.

Credo inoltre che viviamo in un periodo in cui siamo sempre più portati ad essere mediamente meno attenti e capaci a riconoscere la qualità di ciò che compriamo, la spasmodica ricerca del prezzo più basso in ogni cosa ha via via abbassato la qualità in generale in tanti prodotti. Credo che la conoscenza e la capacità di riconoscere le differenze qualitative sia l'unica strada per evitare di incappare in acquisti di prodotti o servizi di bassa qualità e sono convinto che più consumatori saranno capaci di scegliere con consapevolezza dando valore alla qualità, più costringeremo le aziende ad alzare gli standard anziché abbassarli.

Ora però torniamo a te ed a come strutturare un buon piano in modo da ottenere di non sprecare denaro e di scegliere consapevolmente vivendo serenamente scelte e rapporto coi fornitori.

Una cosa che la maggior parte delle persone non è abituata a fare è quella di stabilire a priori i propri parametri di riferimento per le proprie scelte e di conseguenza spesso ci si ritrova a fare molte scelte sulla spinta di qualche proposta commerciale del momento magari un po' aggressiva, in genere poi pentendosene o restando comunque con quella sensazione di incertezza su ciò che si è scelto. Questo accade anche quando si prova a scegliere un fornitore soltanto facendo scorrere una semplice lista di prezzi e non si prendono in considerazione una più ampia serie di fattori.

Stabilire dei parametri basati sui valori per noi importanti è non solo la prima cosa da fare, ma è anche la più importante in un qualsiasi processo di acquisto e nelle prossime righe vedremo insieme come arrivare a strutturare i propri ad uso delle proprie scelte. Focalizziamo quanto sopra mettendo dei punti fermi.

SEGRETO n. 1: scegliere un fornitore facendo scorrere una semplice lista di prezzi senza prendere in considerazione una più ampia serie di fattori è generalmente un errore.

SEGRETO n. 2: meglio stabilire dei parametri basati sui valori per noi importanti per poterli usare come riferimento di valutazione in ogni nostro processo di acquisto.

Avere dei valori per noi importanti come punti di riferimento ci aiuterà a trovare il fornitore più adatto e consono al nostro modo di vedere le cose e quindi di avere un servizio che ci soddisfa al prezzo che riterremo adeguato. Partiamo dal presupposto che per effetti di come è strutturato il sistema, la qualità dell'energia elettrica e del servizio tecnico è uguale per tutti. Come andremo a vedere la differenza non la fa solo il prezzo, ma soprattutto la differenza è data da tutto quello che compone il servizio che ti offre il tuo fornitore.

Proviamo ora a considerare alcuni valori che potrebbero rientrare tra quelli per te importanti, sarai poi tu a scegliere quali sono validi per te o come classificarli per importanza (naturalmente tu sarai libero di prendere in considerazione anche valori che qui non abbiamo considerato).

Affidabilità

Per i vocabolari il termine affidabile è un aggettivo che identifica persone o cose su cui si può fare affidamento, di cui ci si può fidare. Quali elementi possiamo tenere in considerazione per valutare un fornitore affidabile? Sempre tenendo conto che questi aspetti possono essere soggettivi potrebbero essere ad esempio:
- *La reputazione del fornitore.*
- *I comportamenti pregressi.*
- *La trasparenza.*

Vediamoli uno ad uno nelle pagine seguenti.

La reputazione del fornitore

Dicono che *Vox Populi Vox Veritas*, sia inteso come *"quel che dice in modo concorde la gente corrisponde a verità"*. È anche vero che viviamo in un momento storico in cui le fake-news dilagano e spesso portano fuori strada nelle valutazioni, per cui sulla reputazione occorre documentarsi un po' e non fermarsi alle prime notizie. Una piccola ricerca può aiutare. La puoi fare documentandoti in rete, ma anche provando a parlare con clienti forniti da quel fornitore, magari stimolando l'analisi sui valori che vedremo insieme nel seguito del libro.

I comportamenti pregressi

Fai una ricerca sulla reputazione del fornitore, può essere utile fare una verifica dei suoi comportamenti pregressi, ad esempio un modo è verificare attraverso i motori di ricerca digitando:
- nome fornitore multa o multe – sanzioni - indagine
- nome fornitore problemi
- nome fornitore fatturazione – fatture – ritardi
- nome fornitore autorità - garante
- fornitori energia multa multe - sanzioni
- fornitori energia pratiche commerciali

È un buon modo per vedere se il fornitore che stai valutando nel suo passato ha avuto comportamenti che a te possono risultare poco graditi perché contrari ai tuoi principi ed ai tuoi valori.

Sarai naturalmente tu a stabilire che approccio avere a riguardo, se considerare che un errore, magari non ripetuto, possa essere perdonato oppure se i casi di comportamenti a te poco graditi, che si sono ripetuti più volte, sono cosa importante da tenere in considerazione, e quindi fare le tue valutazioni in merito.

La trasparenza

Mi ricordo che da piccolo mia nonna mi diceva che se una cosa non la si capisce è meglio non comprarla, da grande ho scoperto che lo dice anche Warren Buffet, uno degli uomini più ricchi al mondo. L'esperienza mi ha insegnato che la gente compra quando capisce, ma purtroppo viviamo in tempi in cui a volte il modo di comunicare le cose, spesso attraverso la pubblicità, non sempre fa capire la realtà delle cose. A riguardo mi sento di consigliare un libro interessante il cui titolo è *"Al gusto di cioccolato"* di M. Rampin.

Sulla trasparenza valuta come il fornitore comunica, se c'è coerenza tra le cose che dice in pubblicità o su un volantino di una offerta e la realtà delle condizioni offerte (più avanti ti insegnerò quali le cose su cui prestare particolare attenzione). Valuta se il contratto, nella parte delle condizioni economiche, è chiaro e comprensibile e/o se ha continui rimandi ad altre parti come ad esempio le condizioni generali di fornitura.

Valuta anche se c'è qualcuno che contratto alla mano ti spiega le cose, magari clausola per clausola. Considera che è nei tuoi diritti, e dovrebbe essere anche uno dei tuoi doveri, leggere i contratti prima di firmare, su questo fai davvero attenzione. Valuta se secondo te è un buon segno se un venditore od un fornitore non ti rende disponibile il contratto. Personalmente ho incontrato tanti clienti i cui contratti che avevano firmato non gli erano mai stati consegnati.

La sicurezza e solidità finanziaria

Per quanto questo argomento possa rientrare in quello dell'affidabilità, è di tale importanza che merita uno spazio di attenzione in quanto la sicurezza e la solidità finanziaria di un fornitore sono particolarmente importanti sia per i tuoi soldi, in forma diretta, sia per quella indiretta e le ripercussioni che può avere sull'intero sistema dell'energia. Tra poco vedremo come questo può avvenire e che impatto può avere.

Elementi da tenere in considerazione per valutare un fornitore dal punto di vista della solidità finanziaria possono essere:
- storia del fornitore;
- dimensione;
- stato salute finanziaria;
- strategie commerciali e rischi connessi;
- impatto dei rischi.

Storia del fornitore

Se prima abbiamo valutato la storia di un fornitore relativamente ai comportamenti, vediamola da altri punti di vista, ad esempio:
- da quanto tempo è nata la società fornitrice, *"ha una storia di anni alle spalle o è appena nata?"*.
- È una società nata da che tipo di esperienze e competenze, *"è costruita e/o gestita da persone del mondo dell'energia oppure no?"*.

- Il suo *core - business* "*è il mondo dell'energia o è una costola di un gruppo industriale o finanziario che si occupa di altro?*".
- "*È una azienda che ha un suo stile e ha portato innovazione o copia il lavoro di altri?*".

Degli aspetti sopra citati valuta quali sono importanti per te, un buon modo è domandarsi quali tra questi mi fa sentire più sicuro e sereno?

Dimensione e Stato Salute Finanziaria

Se la valutazione sulla dimensione di un fornitore è un valore che ognuno valuta in modo soggettivo, ad esempio c'è chi preferisce avere a che fare con società di grandi dimensioni, nazionali o internazionali, ed altri che amano intrattenere rapporti con società piccole, magari start-up. È spesso una questione di approccio personale, che esce dalla sfera razionale.

Quello che sarebbe comunque utile ed importante valutare bene è invece la solidità finanziaria e lo stato di salute del fornitore che stiamo valutando. Non farsi condizionare dal fatto che siano nomi altisonanti o sconosciuti e prendere qualche informazione in merito è cosa fortemente consigliata. Il mondo dell'energia muove grossi volumi ma ha margini ridotti e non è detto che tutte le società godano di buona salute e questo come vedremo, in seguito, può avere delle ripercussioni sui consumatori. Per cui raccogli qualche informazione.

Strategie aziendali e rischi connessi

Il mercato dell'energia muove tanti soldi e consente di generare fatturati importanti, questo ha suscitato l'interesse di molti operatori economici magari di altri settori o di persone con brevi esperienze nel settore stimolandoli ad aprire nuove società di fornitura di energia.

Questa se per certi versi è una buona cosa poiché nascono nuove imprese e si creano nuovi posti di lavoro, dall'altra nasconde degli aspetti di rischio notevoli, in quanto i margini ridotti del settore, la fortissima burocratizzazione, la complessità della gestione amministrativa sommate ai rischi del mercato fanno sì che una non avveduta strategia aziendale possa portare presto o tardi a rivedere le proprie politiche aziendali o a dover chiudere o ancor peggio al fallimento, e non sono poche le aziende che dall'inizio della liberalizzazione si sono trovate in difficoltà chiudendo o fallendo, qualcuna in malo modo.

Proprio per questo qualche valutazione sulle strategie delle aziende potrebbe essere utile prima di affidarsi ad un fornitore piuttosto che un altro, ad esempio una azienda che propone prezzi molto aggressivi, quindi con pochi margini, potrebbe a prima vista sembrare allettante come scelta ma come vedremo ragionando sugli impatti dei rischi, questa scelta potrebbe alla lunga (forse neanche tanto) rivelarsi un boomerang per il cliente.

Impatto dei rischi

Proprio nei mesi dell'autunno 2017 diverse aziende sono state coinvolte nei problemi sopracitati.

Cosa è successo e cosa succederà?

È successo che: strategie di prezzo troppo aggressive e quindi poco sostenibili nel tempo, valutazioni errate dei rischi del mercato ed errori nel rapporto tra modalità di acquisto e modalità di vendita, valutazioni non corrette dei costi finanziari e sui costi dei ritardi di pagamento o delle insolvenze dei clienti, speculazioni su mercati paralleli come quello dello sbilanciamento che, fortunatamente non sono più possibili dal 2018, hanno fatto si che alcune aziende hanno avuto più di qualche problema:

- alcune hanno comunicato ad una parte dei propri clienti che non avrebbero più potuto servirli obbligandoli a scegliere un fornitore in pochissimi giorni e qualche cliente ha dovuto scegliere senza tempo di fare buone valutazioni, qualche altro cliente tra le aziende non avendo avuto il tempo di scegliere è finito nel mercato di salvaguardia con notevoli aggravi di costi che spesso hanno vanificato i vantaggi dei prezzi aggressivi avuti da quel fornitore per qualche mese.
- Alcune aziende hanno dovuto annunciare la chiusura.
- Alcune aziende hanno dovuto chiudere lasciando un debito nei confronti del sistema intero poiché non avevano le risorse per pagare oneri di sistema e costi di trasporto ai vari enti e distributori locali.

Quindi dovresti aver compreso che per qualcuno affidarsi a

fornitori poco avveduti o troppo spregiudicati nel praticare prezzi troppo bassi non è stato poi così conveniente.

Alcuni consumatori hanno atteggiamenti del tipo: *"ma che m'importa io non ho scelto questi fornitori e non ho avuto nessun danno in tal senso"*, altri invece pensano: *"che importa se il fornitore rischi per farmi un prezzo più basso, io intanto ci guadagno"*.

Ecco aspetta che ti spiego cosa è successo. Poco prima dell'uscita di questo libro si è cominciato a parlare di questo problema, articoli di giornale e post sui vari social lo hanno evidenziato: una bella fetta di tutti i debiti nei confronti del sistema energia lasciati da quei fornitori sono costi che andranno assorbiti e quindi verranno ripartiti su tutti i clienti che consumano energia, probabilmente saranno pochi euro a testa, tante polemiche e arrabbiature per questi costi che ognuno di noi si è trovato in più.

È cosa che si sarebbe potuta evitare con un po' più di accortezza da parte degli operatori ma anche da parte dei consumatori che scegliendo in modo non consapevole hanno contribuito a far si che succedesse. Se questo è quel che successo, quel che succederà non dipenderà solo da pratiche poco avvedute o speculative di qualche fornitore ma anche da come i consumatori sapranno discernere tra le varie proposte ed evitare di alimentare pratiche aggressive destinate e non durare.

Abbiamo affrontato il tema dell'affidabilità, della sicurezza e solidità finanziaria dando qualche indicatore sui vari aspetti da valutare. Anche di questi aspetti valuta quali sono importanti per te.

Questo se vuoi è quello che in questo capitolo chiameremo **SEGRETO n. 3: tieni conto degli aspetti relativi all' affidabilità, alla sicurezza e solidità finanziaria dei fornitori, valuta quali sono importanti per te, e domandati:** *"quali tra questi valori ti fa sentire più sicuro e sereno?".*

Altri aspetti che possono entrare nelle nostre valutazioni possono essere:
- relazione col venditore o sistema di vendita;
- professionalità e competenza del venditore;

- servizio clienti;

- servizi aggiuntivi;

- accessibilità alle informazioni;

- eco-sostenibilità;

- solidarietà;

- giusto prezzo e prezzo reale.

La relazione col venditore o col sistema di vendita

I tempi cambiano e con esse per molte persone cambiano le abitudini di acquisto. La possibilità di comunicare via telefono ed il web hanno portato sicuramente un cambiamento di cui gran parte delle persone sono coinvolte ed il mondo dell'energia non è esente dalla possibilità di acquistare via web o di stipulare un contratto con una telefonata. Questi sistemi di vendita si sono dunque aggiunti a quello tradizionale che avviene attraverso un venditore o un consulente che ci visita a casa nostra o nella nostra azienda.

Nelle valutazioni su quale modalità di acquisto scegliere potrebbe essere utile tenere conto di alcuni aspetti a riguardo, come ad esempio la possibilità di leggere il contratto insieme al venditore ed avere un dialogo in tal senso, la possibilità di avere spiegazioni ed informazioni aggiuntive, la possibilità di valutare come mi viene presentata l'offerta e l'approccio di chi me la sta proponendo, la sua competenza e professionalità, non ultimo, un aspetto che per molti è importante, è con chi avrò a che fare dopo che ho firmato il contratto e chi ed in che modo mi fornirà assistenza.

Valuta quale modalità è più consona alle tue abitudini, quale ti fa sentire più a tuo agio e soprattutto quella che ti garantisce il miglior servizio riducendo i rischi di un errore di valutazione.

Ad esempio agli inizi della mia attività di consulente di vendita nel mondo dell'energia mi colpì molto una domanda di un potenziale cliente, mi chiese: *"Lei come è pagato, a gettone una tantum o a provvigione sui consumi?"* Io risposi *"Non ho nessun problema a farle vedere il mio mandato e mostrarle come sono pagato, mi spiega prima perché me lo sta chiedendo?"* La risposta fu: *"Semplice se lei è pagato a gettone non la rivedrò più al massimo verrà a propormi un concorrente, se è pagato sui miei consumi avrà interesse a servirmi bene nel tempo".* Dopo che mostrai il mio mandato da lì a pochi minuti avevamo iniziato a lavorare insieme.

Ma questo non deve essere una modalità uguale per tutti nella valutazione, ho solo citato un episodio per farti meglio capire quali potrebbero essere alcune differenze. Immagino che mi concederai di far riferimento alle esperienze di 15 anni di lavoro nel settore.

Il servizio clienti

Anche se esiste un consulente che ti segue, il servizio clienti è importante. Meno sarà presente la relazione con un possibile consulente che ti segue tanto più importante diventa il peso del servizio clienti di una azienda.

Valutare la qualità del servizio clienti può aiutarti a vivere bene i rapporti futuri col fornitore ed a risolvere in modo veloce e semplice ogni possibile tua esigenza. Le domande sulle variabili da tenere in considerazione possono essere:

- Il servizio clienti è interno od esterno all'azienda?
- Se è' esterno potrebbe variare il livello di competenza ed

esperienza di chi mi risponde al telefono?

- Il servizio clienti mi consente di parlare con la stessa persona se richiamo chiedendo di lei?

- Il servizio clienti mi risponde velocemente o mi costringe a lunghe attese e ad avere a che fare con molti passaggi di un risponditore automatico?

- Il personale del servizio clienti comunica in modo cortese e professionale ed è preparato?

I servizi aggiuntivi

Un altro elemento di valutazione possono essere i servizi aggiuntivi che il fornitore ti può offrire, alcuni potrebbero essere per te utili da subito ed altri potrebbero diventare interessanti in un futuro prossimo. Prova a considerare se è per te importante che il fornitore ti possa offrire servizi come:

- Strumenti e servizi per l'efficienza energetica, che ti possano aiutare ad ottimizzare i tuoi consumi o a controllarli meglio.

- Strumenti o servizi che possono aiutarti a migliorare o tenere sotto controllo lo stato di salute dei tuoi impianti.

- Prodotti o servizi che possano aiutarti a migliorare la qualità e l'economicità dell'illuminazione che usi.

- Strumenti, prodotti e servizi che possono guidarti verso un utilizzo più consapevole dell'energia, come materiale informativo, momenti formativi o di aggiornamento.
- Prodotti o servizi utili a intraprendere un percorso verso le opportunità della mobilità elettrica.
- Sito web ed area riservata ricca di informazioni trasparenti e la facilità di accesso a questi.
- Servizi informativi come App o accessibilità mobile all'area riservata.
- Un servizio di consulenza personale.

Riguardo i servizi aggiuntivi potrebbe essere utile verificare se sono servizi attinenti al mondo dell'energia nei quali il fornitore esprime competenze di settore oppure se sono servizi di altra natura che vengono aggiunti con uno spirito alla *"tacchi, dadi e datteri e maltagliati senza riga, che se un domani il cliente li vuole, son lì, ce li ho"* che riporta alla memoria un vecchio sketch di Cochi e Renato.

Eco-sostenibilità e solidarietà

Questi due aspetti ad alcune persone sono molto cari e per molti sono elementi importanti nelle loro scelte. Se per te è importante che una azienda a cui dai i tuoi soldi sia attenta agli aspetti ambientali e/o sia proattiva nel fare solidarietà, puoi raccogliere informazioni in merito.

Ad esempio sulla eco-sostenibilità puoi valutare il modo in cui produce, se ha impianti diversificati con attenzione alla produzione da fonti rinnovabili.

Molte aziende propongono offerte "verdi", ma occorre però valutare cosa siano realmente. Quello delle offerte verdi è un mercato regolamentato ma che non ti da la certezza che sia davvero il fornitore che hai scelto a produrre energia verde. Te lo spiego meglio: produrre da fonti rinnovabili è ad oggi ancora più costoso che produrre da fonti fossili.

Per evitare che si produca solo da fonti fossili e stimolare la produzione da fonti rinnovabili, esiste una normativa che indica che ogni produttore deve arrivare a produrre almeno il 20% da fonti rinnovabili e deve certificare tutta la produzione così detta "verde".

Quindi ogni KWh prodotto da fonte rinnovabile viene certificato, questi certificati acquisiscono valore sul mercato perché purtroppo per alcuni produttori è troppo oneroso o non è possibile convertire la produzione, per altri la produzione da fonti rinnovabili è ben oltre il 20%. I certificati di cui stiamo parlando si chiamano *COFER – Certificazione Origine Fonti Energetiche Rinnovabili.*

Esiste per i fornitori, non in linea con l'obbligo del 20%, la possibilità di comprare certificati dai produttori che ne hanno in eccesso alla quota del 20%. Ciò significa che non sempre la certificazione COFER attesta che sia il fornitore che te la vende a produrre da fonti rinnovabili, ma bensì potrebbe averla comprata.

Se per te è importante il tema eco-sostenibilità puoi valutare se il fornitore insieme alla Certificazione COFER possiede certificazioni aggiuntive che attestano che la produzione da fonti rinnovabili è su impianti di sua proprietà.

Sull'eco-sostenibilità ci sarebbe anche molto altro da dire ma occorrerebbe un libro o forse un'enciclopedia solo per questo tema. Di sicuro limitandoci a quanto affrontato possiamo dire che c'è un punto fermo da considerare come:

SEGRETO n. 4: le *"offerte di energia verde"*, **certificate come COFER non garantiscono che sia quel fornitore a produrre da fonti rinnovabili, poiché potrebbe aver acquistato da terzi i certificati. Verificare se esiste una certificazione che attesti che la produzione è di un impianto di proprietà di quel fornitore, è una garanzia aggiuntiva.**

Solidarietà

Se per te la solidarietà è un valore che vuoi tenere in conto nelle tue scelte, informati se il fornitore che stai valutando ha sviluppato e ha in corso progetti di solidarietà e se magari ti offre la possibilità di parteciparvi in qualche modo.

Il giusto prezzo ed il prezzo reale

Il tema del prezzo reale lo affronteremo meglio nei capitoli seguenti, per ora diciamo che è un aspetto a cui fare molta attenzione ed è un contenuto oggettivo delle offerte. Affrontare il tema del giusto prezzo è un aspetto più personale e soggettivo.

Diciamo che riguardo a quanto di cui abbiamo parlato finora si direbbe che sia consono ed utile citare un'affermazione attribuita a John Ruskin che diceva: *"Ben difficilmente esiste cosa al mondo che qualcuno possa confezionare di qualità un po' inferiore e venderla ad un prezzo più basso. Ma coloro che tengono conto solo del prezzo diventano di questi preda legittima"*.

Ti faccio un ulteriore piccolo esempio, se una azienda per poterti fare un prezzo un po' più basso deve ridurre ai minimi termini la qualità dei servizi, rendendoti ad esempio difficoltoso e lungo il dialogo col servizio clienti, il tempo che passerai a correr dietro a risposte o a soluzioni di un problema è un costo che dovresti aggiungere al prezzo che paghi per il KWh, sempre che tu dia un po' di valore al tuo tempo, questo per avvalorare quanto diceva Ruskin, in fondo *"prezzo più basso non necessariamente vuol dire maggior risparmio"*.

133

Potremmo dunque dire che il giusto prezzo è quello che tu sei disposto a pagare per quello che hai deciso consapevolmente di ricevere. Questo potrebbe essere considerato un punto fermo importante vi è contenuto gran parte di quanto visto sopra e di questo capitolo.

SEGRETO n. 5: segnati tutti i valori che hanno importanza per te, ti serviranno per definire il giusto prezzo, cioè quello che tu sei disposto a pagare per quello che hai deciso consapevolmente di ricevere. Puoi anche scegliere solo per il prezzo purché tu sia consapevole dei rischi.

Io mi sono domandato spesso: *"in un processo di acquisto come posso utilizzare i miei valori per fare le mie scelte?"*. Questo tema lo affronteremo in un capitolo più avanti, intanto il consiglio è di scrivere su un foglio tutti i valori che vuoi tenere in conto, meglio sarebbe scriverli tutti, farsi una scheda che li racchiuda e poi creare una classifica di importanza sulla base di quelli che sono per te i più importanti anche secondo le tue esperienze, le tue emozioni ed il tuo istinto, nonché il tuo modo di interpretare il rapporto e le relazioni coi fornitori.

134

Qui nelle pagine di seguito ne trovi un esempio e può esserti utile come schema da utilizzare per costruire la tua personale classifica dei valori attraverso una *scheda classifica dei valori*. Naturalmente questo nella pagina seguente è un esempio, tu costruisci la tua personale classifica.

Il mio consiglio è di fare nella pratica l'esercizio di compilare la tua *scheda classifica dei valori* prima di proseguire nella lettura, il passaggio tra le intenzioni e la messa in pratica di queste è sempre un momento delicato nel quale molti si perdono per strada, non lasciare che la buona volontà che hai mostrato nell'arrivare fin qui si perda proprio ora, compila la tua personale *scheda classifica dei valori* e poi prosegui nella lettura, vedrai che ti tornerà utile.

Posizione	Valore	
1	Relazione con persone	
2	Competenza, professionalità del venditore	
3	Affidabilità	
4	Trasparenza	
5	Comportamenti pregressi	
6	Stato salute finanziaria	
7	Reputazione	
8	Impatto dei rischi relativi alle strategie	
9	Strategie commerciali, sistema vendita	
10	Strategie commerciali, aggressività, rischi	
11	Competenza servizio clienti	
12	Servizio clienti interno	
13	Cortesia del servizio clienti	
14	Accessibilità servizio clienti	
15	Giusto prezzo	
16	Servizi per la sicurezza degli impianti	
17	Eco-sostenibilità	
18	Dimensione dell'azienda	
19	Storicità e maturità dell'azienda	
20	Servizi di formazione e aggiornamento	
21	Servizi aggiuntivi per efficienza	
22	Prodotti aggiuntivi per efficienza	
23	Progetti e Servizi per la mobilità elettrica	
24	Bike – Scooter – Auto elettriche	
25	Sistemi di ricarica per mobilità elettrica	
26	Sito web – accessibilità e fruibilità	
27	Disponibilità di App o servizi Mobile	
28	Solidarietà	
29	Materiale informativo	
30		

Questo esercizio rappresenta un punto fermo in un buon processo di acquisto quindi lo rappresentiamo come:

SEGRETO n. 6: un esercizio utile può essere quello di farsi una scheda che racchiuda tutti valori che si vuol tenere in conto e poi creare una classifica sulla base di quelli che sono per te i più importanti.

In questo capitolo abbiamo affrontato temi che entrano più nelle scelte personali, mie di scrivere questo libro e soprattutto tue di come puoi considerare gli aspetti più importanti secondo le tue inclinazioni e modalità. Abbiamo considerato valori la cui presenza o importanza possono essere soggettivi e quindi proprio perché tuoi sono importanti, ed è utile che lo siano anche nelle tue scelte.

Tra poco, dopo il consueto riepilogo dei segreti andremo negli altri capitoli dove scopriremo come l'organizzazione di una rete vendita possa influire sul servizio che verrà dato al cliente, le tipologie di offerte e come valutarle dal punto di vista oggettivo senza tralasciare alcune metodologie di processo di acquisto.

RIEPILOGO DEL CAPITOLO 4:

- SEGRETO n. 1: scegliere un fornitore facendo scorrere una semplice lista di prezzi senza prendere in considerazione una più ampia scelta di fattori è generalmente un errore.

- SEGRETO n. 2: stabilire dei parametri basati sui valori per noi importanti per poterli usare come riferimento di valutazione in ogni nostro processo di acquisto.

- SEGRETO n. 3: tieni conto degli aspetti come affidabilità, sicurezza, solidità finanziaria dei fornitori, domandati: *"quali tra questi valori mi fa sentire più sicuro e sereno?"*

- SEGRETO n. 4: le *"offerte di energia verde"*, certificate COFER non garantiscono che sia proprio quel fornitore a produrre da fonti rinnovabili, potrebbe aver acquistato da terzi i certificati. Una certificazione attestante che la produzione è di un impianto di proprietà di quel fornitore, è garanzia aggiuntiva.

- SEGRETO n. 5: segnati tutti i valori che hanno importanza per te, ti serviranno per definire il giusto prezzo, cioè quello che tu sei disposto a pagare per quello che hai deciso consapevolmente di ricevere. Puoi anche scegliere solo per il prezzo purché tu sia consapevole dei rischi.

- SEGRETO n. 6: è utile farsi una scheda che racchiuda tutti i valori che voglio tenere in conto per le mie scelte e poi creare una classifica di importanza sulla base di quelli che sono per te i più importanti.

Capitolo 5:

Dimmi come vendi, ti dico come mi servi

Se sei arrivato fin qui avrai un quadro più chiaro del contesto generale, dei principali concetti di base dell'energia, di come si legge un contatore ed una fattura e se hai fatto l'esercizio di mettere su carta i tuoi valori, dovresti aver definito quelli a cui far riferimento e quelli che sono più importanti nelle tue scelte.

Prima di andare ad analizzare quali sono le opportunità che sono presenti sul mercato, per capire meglio questo aspetto è importante anche comprendere come e da chi vengono proposte.

Nel primo capitolo abbiamo visto che l'attività di vendita al cliente finale è svolta da società di vendita, che possono essere sia di proprietà di società che producono energia, sia di società che ne effettuano solo il commercio. Entrambi questi due tipi di società possono poi essere in alcuni casi di proprietà delle società di distribuzione locale con nomi simili, che possono indurre a pensare siano le stesse società di distribuzione locale.

Qualunque sia la natura delle società di vendita, ognuna di loro deve avere un sistema di vendita che gli consenta di procurarsi clienti. Poiché ogni modalità ha le sue peculiarità, capire come sono strutturate le aziende da questo punto di vista può anche dare una visione più chiara di cosa aspettarsi in termini di servizio e rispondenza ai propri valori di scelta e alle proprie esigenze.

Rispetto al passato in ogni settore le possibilità di sviluppare canali di vendita sono aumentate anche per gli effetti dell'avvento del web e degli strumenti digitali. Vediamo quali modalità possono essere usate dai fornitori di energia:
-   Rete vendita di account dipendenti.
-   Rete vendita diretta di agenti di commercio.
-   Rete vendita indiretta di agenzie.
-   Rete agenzie telemarketing.
-   Vendita attraverso sito web diretto.
-   Utilizzo di broker web.
-   Utilizzo di broker o consulenti esterni.
-   Vendita attraverso negozi od uffici.

Proviamo ad approfondire un pochino per comprendere meglio quali possano essere le differenze tra queste diverse modalità di approcciare il mercato.

Rete vendita di account dipendenti

Stiamo parlando di persone assunte come dipendenti che vengono remunerate attraverso uno stipendio fisso, a volte integrato da premi sui risultati di acquisizione clienti. In genere in un'epoca in cui il mondo del lavoro va verso la riduzione dei costi fissi è cosa normale uno scarso utilizzo di questa modalità, che normalmente viene messa in atto da società di respiro territoriale o se da alcune grandi società in genere è riservata a clienti di tipo aziendale.

Rete vendita diretta di agenti di commercio

In questo caso stiamo parlando di società che per acquisire clienti si avvalgono di agenti di commercio, figura sottovalutata in Italia e spesso abbinata all'idea del vecchio piazzista. In realtà quella dell'agente di commercio è una professione alla quale per accedervi sono richieste una serie di peculiarità che vanno prima di tutto a garanzia del consumatore.

Infatti un agente di commercio per poter operare non solo deve aprire una partita IVA, rendendosi quindi un soggetto fiscale a tutti gli effetti equiparato ad una impresa con tutte le responsabilità che ne conseguono anche nei confronti dei clienti, ma deve anche iscriversi ad un albo professionale e per farlo deve avere requisiti scolastici come un diploma o una laurea ad indirizzo economico e/o sostenere un corso e passare gli esami conseguenti.

Oltre a questo viene obbligatoriamente iscritto all'ENASARCO, un Ente previdenziale di categoria. L'insieme di queste cose, pur non certificando la sua integrità morale, rende l'agente di commercio come la figura più qualificata e la più aderente alle normative vigenti per svolgere le attività di vendita.

Un'azienda che sceglie di creare una rete diretta di agenti di commercio di buona qualità investe sulla loro formazione ed il loro aggiornamento, come sulla dotazione di strumenti aziendali, mail con indirizzo aziendale biglietti da visita e quanto serve per poter operare in nome e per conto dell'azienda, il tutto è regolato da un regolare mandato di agenzia regolarmente registrato.

Questo tipo di figura è generalmente pagata in due modi che possono eventualmente anche essere integrati tra loro. Quello più diffuso, soprattutto tra le aziende che affrontano il mercato domestico o delle micro-aziende, è di remunerare l'agente attraverso un gettone di acquisizione, una quota una-tantum pagata per aver preso il cliente.

Diciamo che in questo caso l'azienda assegna all'agente un unico compito, quello di acquisire il cliente. In genere questa modalità crea altissimi turn-over nelle reti vendita. Altre aziende scelgono di remunerare la propria rete vendita con una provvigione calcolata sui consumi del cliente, significa che per ogni KWh consumato nel tempo l'agente verrà remunerato con una provvigione, in genere abbastanza ininfluente sul prezzo.

In questo caso l'azienda sta dicendo al proprio agente che il suo compito è sia quello di acquisire il cliente sia quello di seguirlo nel tempo per non perdere il cliente e quindi il proprio reddito. Valutare quale delle due è più interessante per il cliente lo lascio a te che stai acquisendo queste informazioni.

Rete vendita indiretta di agenzie

Questa è la modalità più diffusa dalle società del settore, spesso mutuata dall'utilizzo di agenzie che vendono altri prodotti come ad esempio la telefonia. In questo caso le agenzie in genere si dotano di sub-agenti che possono essere a loro volta degli agenti di commercio oppure, come il più delle volte avviene, di procacciatori di affari.

La differenza tra agente di commercio e procacciatore d'affari può sembrare sottile ma spesso si dimostra sostanziale, una buona disamina la puoi trovare in questo articolo del Il Sole 24 Ore http://www.diritto24.ilsole24ore.com/art/avvocatoAffari/mercatiImpresa/2016-06-30/la-sottile-linea-il-procacciamento-d-affari-e-contratto-agenzia-101324.php?refresh_ce=1

Qui diciamo solo che il procacciatore, a differenza dell'agente di commercio, per poter operare è solo tenuto ad aprire una P.IVA e non deve sostenere nessun esame e nessuna ammissione ad un albo professionale. in particolare il rapporto azienda-procacciatore non deve avere carattere di continuità ed è generalmente regolato da una semplice lettera di incarico che non necessita registrazioni.

145

Indipendentemente dal tipo di figure di cui le agenzie si dotano, nel caso di organizzazioni di questo tipo valgono i sistemi retributivi già visti per l'agente di commercio, che però in genere vengono frazionati nella filiera agenzia-sub agente. Alcune Agenzie usano la presenza nei centri commerciali con stand e postazioni temporanee.

Ti ricordo che chiedere al venditore che ti venga mostrato il mandato di agenzia o la lettera di incarico è nei tuoi diritti e può aiutarti a fare le tue valutazioni soprattutto in assenza di una delle due. Facendo qui un primo punto della situazione di questo capitolo possiamo identificare alcuni segreti.

SEGRETO n. 1: le reti vendita delle società energetiche, sia di agenti diretti che tramite agenzie con sub-agenti e procacciatori possono essere remunerate attraverso un gettone di acquisizione oppure attraverso una provvigione ricorrente sui consumi.

SEGRETO n. 2: nel caso di un premio di acquisizione il compito del venditore è solo di acquisire il cliente se invece

viene corrisposta una provvigione ricorrente sui consumi, il venditore ha anche l'incarico di seguire il cliente nel tempo.

SEGRETO n. 3: chiedere al venditore che ti venga mostrato il mandato di agenzia o la lettera di incarico, è nei tuoi diritti e può aiutarti a fare le tue valutazioni, soprattutto in assenza di una delle due attestazioni.

Rete agenzie telemarketing

Per molti versi questo è il sistema che più frequentemente entra in contatto con i clienti, e verrebbe da dire: *"chi non ha ricevuto almeno una telefonata di un fornitore di energia a casa propria?"*. Le agenzie o società di telemarketing in genere sono soggetti esterni al fornitore. Per il fornitore si possono effettuare due tipi di servizio: quello di presa appuntamenti per la rete vendita, di solito le agenzie, o quello ormai largamente diffuso di stipulare contratti direttamente al telefono.

Le società di telemarketing, sono in genere remunerate come le agenzie, quasi sempre attraverso un gettone di acquisizione, quindi hanno il solo compito di acquisire il cliente.

Come avrai già visto dal capitolo sul prezzo dell'energia e da quello sulla lettura della bolletta e come vedrai da quello sulle opportunità di mercato in cui parleremo delle offerte, poter fare una analisi corretta al telefono non è cosa che con semplicità garantisce una comprensione reale e completa di cosa stai acquistando.

Vendita attraverso sito web diretto

Visto l'ormai diffusissimo utilizzo del web, alcune aziende hanno scelto di creare un proprio sito di vendita o di creare una sezione di vendita nel proprio sito istituzionale. Alcune società effettuano la loro vendita esclusivamente attraverso il sito web altre integrano questa modalità con una o più di quelle che stiamo analizzando insieme.

Qualcuno pensa sia più economica, in realtà se da una parte questa modalità consente all'azienda di ridurre i costi della rete vendita dall'altra necessita forti investimenti pubblicitari per produrre risultati, oltre a questo i costi tecnologici e di aggiornamento sono elevati al punto che quasi sempre i costi si compensano rispetto ad altre modalità.

Dal punto di vista del consumatore la facilità di collegarsi è una comodità, non sempre lo è la disponibilità di informazioni complete ed occorre essere consapevoli che ad un acquisto fatto attraverso il sito web, corrisponde ad avere poi come interlocutore solo un eventuale servizio clienti ed è quindi una modalità scevra da rapporti personali. Al consumatore, in base a ciò che preferisce, la scelta di questo utilizzo.

Utilizzo di broker web

In questa categoria rientrano tutti quei siti che, spesso utilizzando comparatori online, ti propongono vari fornitori con proposte e risparmi diversi. Sono molto pubblicizzati sia in tv che via web.

Se ad un primo sguardo appaiono come soggetti neutrali, basta pensare a come possono guadagnare per capire che in realtà così non è. Il loro ruolo è di broker, cioè società che hanno accordi con più fornitori e che sono remunerate per acquisire clienti, alla stregua di altri canali come le agenzie. Nel mondo dei mutui ad esempio sono giuridicamente dei mediatori creditizi e svolgono lo stesso ruolo.

Se la comparazione di più offerte può dare la sensazione di avere sempre il meglio di ciò che c'è sul mercato, in realtà occorre essere consapevoli che le offerte comparate saranno sempre e solo quelle con cui il broker ha accordi commerciali, quindi non è mai la comparazione tra tutte le offerte che potresti trovare sul mercato. Anche in questo caso il post vendita è affidato ai vari numeri verdi dei fornitori, interni od esterni che siano.

Oltre a questo la comparazione si basa solo su una valutazione fondata sui prezzi senza tenere conto dei altri valori che per te potrebbero essere importanti e che potrebbero spostare su scelte in cui individuare quello che è il giusto prezzo per ciò che desideri avere.

Utilizzo di broker e/o consulenti esterni

A differenza dei broker web qui potresti avere il vantaggio di una relazione con delle persone e non solo via web, restano in gran parte le considerazioni fatte per i broker web. Anche se è generalmente è una figura che non si rivolge al mercato domestico, un discorso a parte meriterebbero i *consulenti*, cioè quelle figure professionali che si propongono per aiutarti a trovare il miglior fornitore. Questo tipo di figura sta crescendo come numero sul mercato, ed occorre sempre verificare alcuni aspetti, come ad esempio non esiste un albo professionale per svolgere questa professione quindi è di facile accesso per chiunque proporsi come consulente.

Se è vero che esistono professionisti ricchi di competenza e che lavorano con trasparenza e professionalità è altrettanto vero che verificare la reale preparazione in materia e l'esperienza pregressa è sempre opportuno. A tutela di molti professionisti che lavorano con serietà e trasparenza occorre dire che un altro aspetto su cui prestare attenzione è di verificare che siano consulenti realmente indipendenti e che non siano in realtà dei broker che si propongono come consulenti.

Vendita attraverso negozi

Nel mercato dell'energia è una modalità ancora poco diffusa ma il completamento della liberalizzazione con gli oltre 20 milioni di clienti domestici e le circa 3.700.000 imprese che entro luglio '19 dovranno obbligatoriamente passare al mercato libero potrebbe far crescere il numero di negozi che si occuperanno di energia.

Possono essere negozi di proprietà del fornitore, ma questo sarà più probabile per le società di natura locale, come avviene già in qualche caso. Probabilmente nella maggior parte dei casi questi negozi saranno creati o gestiti da soggetti esterni alle aziende come le agenzie di vendita o gestiti attraverso delle concessioni in franchising. Focalizziamo e riepiloghiamo i punti salienti usando la metafora dei segreti.

SEGRETO n. 4: comprare attraverso il sito web sembrerebbe la modalità più economica, in realtà se da una parte questa modalità consente all'azienda di ridurre i costi della rete vendita, dall'altra necessita forti investimenti pubblicitari per produrre risultati, e consideriamo che comunque ci sono altri costi poiché occorre gestire tecnologicamente e aggiornare costantemente i siti web.

Oltre a questo tutti gli acquisti via web presuppongono l'eliminazione di un rapporto personale.

SEGRETO n. 5: i siti web che generalmente usano le comparazioni tra più offerte non sono neutrali ma è probabile

siano dei broker che hanno accordi commerciali con più fornitori e guadagnano attraverso l'acquisizione dei clienti alla stregua delle agenzie.

Prima di passare a scoprire che tipologie di proposte ci sono sul mercato e come valutarle possiamo mettere un nuovo punto fermo:

SEGRETO n. 6: sapere come un'azienda ha scelto di organizzare il suo sistema di vendita è un elemento da considerare nelle proprie valutazioni poiché ci dice molto su quale è il suo approccio commerciale e che tipo di rapporto vuole instaurare coi propri clienti. È quindi utile per capire se il suo modo fa al caso tuo e non incorrere in scelte che disattenderanno le tue aspettative.

RIEPILOGO DEL CAPITOLO 5:

- SEGRETO n. 1: le reti vendita delle società energetiche, sia di agenti diretti che tramite agenzie con sub-agenti e procacciatori, possono essere remunerate attraverso un gettone di acquisizione oppure attraverso una provvigione ricorrente sui consumi.

- SEGRETO n. 2: nel caso di un premio di acquisizione il compito del venditore è solo di acquisire il cliente se invece viene corrisposta una provvigione ricorrente sui consumi il venditore ha anche l'incarico di seguire il cliente nel tempo.

- SEGRETO n. 3: chiedere al venditore che ti venga mostrato il mandato di agenzia o la lettera di incarico, è nei tuoi diritti e può aiutarti a fare le tue valutazioni, soprattutto in assenza di una delle due attestazioni.

- SEGRETO n. 4: comprare attraverso il sito web può apparire la modalità più economica, in realtà se da una parte questa modalità consente all'azienda di ridurre i costi della rete vendita, dall'altra necessita forti investimenti pubblicitari per produrre risultati, oltre ai costi per gestire tecnologicamente ed aggiornare costantemente i siti web.

- SEGRETO n. 5: i siti web che generalmente usano le comparazioni tra più offerte non sono neutrali ma è probabile che siano dei broker che hanno accordi commerciali con più fornitori e guadagnano attraverso l'acquisizione dei clienti alla stregua delle agenzie.

- SEGRETO n. 6: sapere come una azienda ha scelto di organizzare il suo sistema di vendita non è un elemento da tralasciare nelle proprie valutazioni poiché ci dice molto su quale è il suo approccio commerciale e che tipo di rapporto vuole instaurare coi propri clienti. È quindi utile per capire se il suo modo fa al caso tuo e non incorrere in scelte che disattenderanno le tue aspettative.

Capitolo 6:
Mercati ed andamenti nei prezzi

Ora che sai come possono essere organizzati commercialmente i possibili fornitori e da che tipo di interlocutori puoi ricevere le varie proposte di mercato, andiamo a conoscere un po' meglio come funziona il Mercato all'Ingrosso dell'Energia, comprenderlo è importante per capire l'andamento dei prezzi e definire le proprie scelte in modo consapevole.

Del resto un risparmiatore avveduto che deve investire i suoi soldi, diciamo 100 euro al mese, cercherebbe di capire e di conoscere un po' i mercati ed i loro andamenti prima di decidere dove e come investire il suo denaro, perché non farlo anche con il denaro che investe ogni mese nella spesa per l'energia?

Occorre un po' di conoscenza su come reperire i dati per avere consapevolezza di cosa si sta acquistando e anche di cosa potrebbe succedere ai prezzi nel tempo, può sembrare cosa complessa ma è il miglior modo per fare le scelte migliori.

In realtà è molto meno complicato di quanto sembra e trovare i dati che servono a capire come sono andati i prezzi finora ed anche quelli per individuare in che direzione andranno non è così difficile, seguimi che lo scopriamo insieme.

Abbiamo già visto nel primo capitolo che esiste un Mercato all'Ingrosso dell'Energia, una sorta di borsa dove produttori vendono e grossisti comprano, si chiama mercato elettrico ed è gestito dal GME.

Sul mercato elettrico ogni giorno, attraverso una piattaforma di interscambio l'energia viene venduta fissando un prezzo, determinato dal rapporto tra la domanda e l'offerta, più è alta la domanda più si alza il prezzo, un po' come per le camere di hotel nel mese di agosto e per ogni prodotto di questo mondo. Il prezzo che si fissa sul mercato elettrico è il prezzo all'ingrosso dell'energia e viene denominato *PUN* acronimo di Prezzo Unico Nazionale.

Il PUN è il prezzo di riferimento del mercato, è declinato in diverse modalità che vediamo qui di seguito:

- *PUN Orario* che corrisponde al prezzo appunto orario, ogni ora ha un suo prezzo.

- *PUN medio mensile* è il prezzo che corrisponde alla media mensile dei prezzi orari di tutto il mese, è espresso in un prezzo unico su tutte le fasce, ed è il punto di riferimento del mercato.

- *PUN per fasce* è il prezzo mensile per fasce, determinato sulla base delle tre fasce F1, F2, F3. Corrisponde alla media matematica dei prezzi del PUN orario delle ore presenti in ciascuna delle tre fasce e si esprime con tre prezzi, uno per ogni fascia.

- *PUN peak-off peak* il valore che definisce il PUN nelle due fasce di *picco* ore 8-20 dei giorni da lunedì a venerdì e di *fuori picco* 20-8 da lunedì a venerdì più i sabati le domeniche ed i giorni di festività nazionale. La così detta fascia bi-oraria

Il PUN viene fissato in quello che viene chiamato *mercato del giorno prima*, significa che ogni giorno si tratta e si definisce il prezzo dell'energia consegnata il giorno dopo. Qui possiamo considerare il primo dei segreti di questo capitolo.

SEGRETO n. 1: sul mercato elettrico si fissa il prezzo all'ingrosso dell'energia e viene denominato PUN, Prezzo Unico Nazionale. Il PUN viene fissato in quello che viene chiamato mercato del giorno prima, significa che ogni giorno si tratta e di definisce il prezzo dell'energia consegnata il giorno dopo.

Come vedremo meglio più avanti il PUN è il prezzo di riferimento per la costruzione di tutte le offerte del mercato. Le offerte le vedremo meglio nel capitolo successivo ma per capire il meccanismo del loro funzionamento occorre comunque comprendere il PUN ed ancora meglio sapere dove reperire i dati e controllare il valore del PUN. Seguimi che ti insegno la strada più semplice per non perderti nei tanti grafici e numeri.

Vai al sito http://www.mercatoelettrico.org/ atterrerai nella pagina che vedi nell'immagine di seguito. Clicca su esiti dei mercati e statistiche e poi su statistiche, per aiutarti nell'immagine seguente ho evidenziato dove cliccare con una freccia rossa.

GME Gestore Mercati Energetici

GESTORE MERCATI ENERGETICI

cerca nel sito | vai

ALERT NEWSLETTER

nome
password
registrati   login

Home | English
lavorare con noi | bandi, avvisi e pubblicazioni | società trasparente | glossario | links | press room | download | ftp | newsletter

GME-info societarie   I mercati - market coupling   Esiti dei mercati e statistiche   Monitoraggio e Remit

NEWSLETTER del
GME   l'ag   Esiti   ULTIME PUBBLICAZIONI
    s   Statistiche   Relazione annuale 2016
    del settore energetico

Esiti Mercato Elettrico   Bilancio d'esercizio 2016
Mercato del Giorno Prima (MGP)
prezzi e volumi orari per il giorno di flusso 16/03/2018

Poi vai giù fino in fondo alla pagina che compare, dove trovi una zona in cui barrare le caselle qui evidenziate dalle freccette rosse.

L'Utente dichiara di aver letto le Condizioni Generali sopra riportate e dichiara di

Accettarne il contenuto

Ai sensi e per gli effetti degli artt. 1341 e 1342 del codice civile, l'Utente dichiara di accettare espressamente le seguenti clausole delle Condizioni Generali sopra riportate: 7, 8, 10, 13

Accetto

Accetto   Rifiuto

Clicca su accetto e verrai indirizzato ad una pagina coi dati di consuntivo dei prezzi all'ingrosso dell'energia da quando il mercato elettrico è nato, cioè dal 200∠. Ti sembrerà piena di numeri ma vedrai che è semplice.

Trovi l'esempio e le spiegazioni nelle pagine qui di seguito dove al punto 1 ti indica il PUN medio annuale dalla creazione del mercato ad oggi.

Qui i prezzi sono espressi in euro/MWh, spostando la virgola a sinistra ottieni il prezzo cent/KWH.

53,95 €/MWh = 5,395 €cent/KWH

Come vedrai nell'immagine della pagina dopo ci sono anni in cui i prezzi sono saliti ed altri in cui sono scesi, ad esempio nel 2016, anno in cui il prezzo dell'energia a 4,278 cent/KWh ha toccato i minimi storici dopo 5 anni consecutivi di discesa, il prezzo è sceso ad oltre il 43% rispetto al 2012 in cui il prezzo era 7,548 cent/KWh.

GME
Gestore
Mercati
Energetici

GESTORE MERCATI ENERGETICI

cerca nel sito [vai]

ALERT NEWSLETTER
nome
password
registrati   login

Home | English
lavorare con noi | bandi, avvisi e pubblicazioni | società trasparente | glossario | links | press room | download | ftp | newsletter

GME-info societarie   ▪   I mercati - market coupling   ▪   Esiti dei mercati e statistiche   ▪   Monitoraggio e Remit   ▪

MERCATI ELETTRICI

MERCATI AMBIENTALI

MERCATI GAS

▪ STATISTICHE

▫ dati di sintesi MPE-MGP

▫ confronto borse europee

▫ market coupling

▫ rapporti

▫ prezzo medio del. 300/05

▫ prezzo medio per fasce

▪ DATI STORICI EXCEL

riepilogo   sintesi annuale   sintesi mensile   sintesi giornaliera

dati di sintesi MPE-MGP – riepilogo

sintesi annuale

periodo	Prezzo d'acquisto. PUN (€/MWh)			Quantità totali (MWh)	Liquidità (%)	n. operatori al 31/12
	media	min	max			
2004*	51,60	1,10	189,19	231.571.983	29,1	73
2005	58,59	10,42	170,61	323.184.850	62,8	91
2006	74,75	15,06	378,47	329.790.030	59,6	103
2007	70,99	21,44	242,42	329.949.207	67,1	127
2008	86,99	21,54	211,99	336.961.297	69,0	151
2009	63,72	9,07	172,25	313.425.166	68,0	167
2010	64,12	10,00	174,62	318.561.565	62,6	198
2011	72,23	10,00	164,80	311.493.877	57,9	181
2012	75,48	12,14	324,20	298.668.836	59,8	192
2013	62,99	0,00	151,88	289.153.546	71,6	214
2014	52,08	2,23	149,43	281.997.370	65,9	251
2015	52,31	5,62	144,57	287.132.081	67,8	259
2016	42,78	10,94	150,00	289.700.706	70,0	253
2017	53,95	10,00	170,00	292.197.128	72,2	254

* I dati sono relativi ai nove mesi dal 01/04/2004 al 31/12/2004   grafico

①   ③

sintesi mensile - anno [2018 ▾]   aggiornato al 16/03/2018

periodo	Prezzo d'acquisto. PUN (€/MWh)			Quantità totali (MWh)	Liquidità (%)	download pdf
	media	min	max			
gennaio	49,00	10,00	78,91	25.631.433	72,9	pdf
febbraio	57,00	28,46	159,40	24.050.095	71,1	pdf
marzo	59,75	12,00	129,35	13.376.823	70,4	pdf

⑤

②   grafico

sintesi giornaliera - mese di marzo   aggiornato al 16/03/2018

periodo	Prezzo d'acquisto. PUN (€/MWh)			Quantità totali (MWh)	Liquidità (%)	download pdf
	media	min	max			
giovedì 01	91,85	60,40	112,03	913.858	70,2	pdf
venerdì 02	97,48	74,80	129,35	912.959	69,0	pdf
sabato 03	67,15	51,40	76,73	779.547	70,6	pdf
domenica 04	53,35	43,91	75,36	682.175	69,7	pdf
lunedì 05	72,12	42,93	93,61	869.564	73,5	pdf
martedì 06	57,73	42,97	73,90	892.455	74,1	pdf
mercoledì 07	51,69	39,00	72,04	894.481	70,0	pdf
giovedì 08	51,81	37,30	76,63	882.217	69,7	pdf
venerdì 09	52,88	42,46	75,08	866.759	68,3	pdf
sabato 10	48,70	42,65	64,71	732.333	69,1	pdf
domenica 11	50,86	31,51	91,22	642.151	70,1	pdf
lunedì 12	42,77	12,00	62,41	830.702	69,9	pdf
martedì 13	52,78	27,00	92,77	867.255	73,8	pdf
mercoledì 14	53,55	35,56	76,60	862.530	70,7	pdf
giovedì 15	58,11	41,42	75,56	877.212	69,4	pdf
venerdì 16	53,17	35,89	76,03	870.623	68,1	pdf

④   ⑥

grafico

162

Il punto 2 indica il PUN medio mensile di ognuno dei mesi dell'anno in corso. Se invece clicchi sul punto 3 puoi scegliere di vedere i prezzi medi di ognuno dei mesi degli anni precedenti a partire dal 2004.

Il punto 4 ci dice quali sono i prezzi medi di ognuno dei giorni del mese in corso, qui ancora di più vale il discorso sulle valutazioni, sarebbe un errore lasciarsi condizionare da variazioni importanti avvenute magari solo per qualche giorno o settimana. Al punto 5 se ci clicchi si apre un pdf con un report mensile.

Al punto 6, se ci clicchi sopra, si apre un pdf con un report giornaliero, entrambi li andiamo a conoscere nelle pagine seguenti. Partiamo ora con il report mensile, in questo caso quello di gennaio 2018, come vedi, sempre nell'immagine della pagina seguente.

Al punto 1 viene indicato il mese di riferimento.
Al punto 2 trovi il PUN medio del mese.
Al punto 3 invece si indica il PUN medio dello stesso mese nell'anno precedente.

Al punto 4 viene indicata la variazione di prezzo che è avvenuta ad un anno di distanza.

Al punto 5 il grafico con gli andamenti degli ultimi 12 mesi, identificabili con un colpo d'occhio ed anche guardando i valori dei prezzi, nelle barre grigie sono indicate le variazioni percentuali.

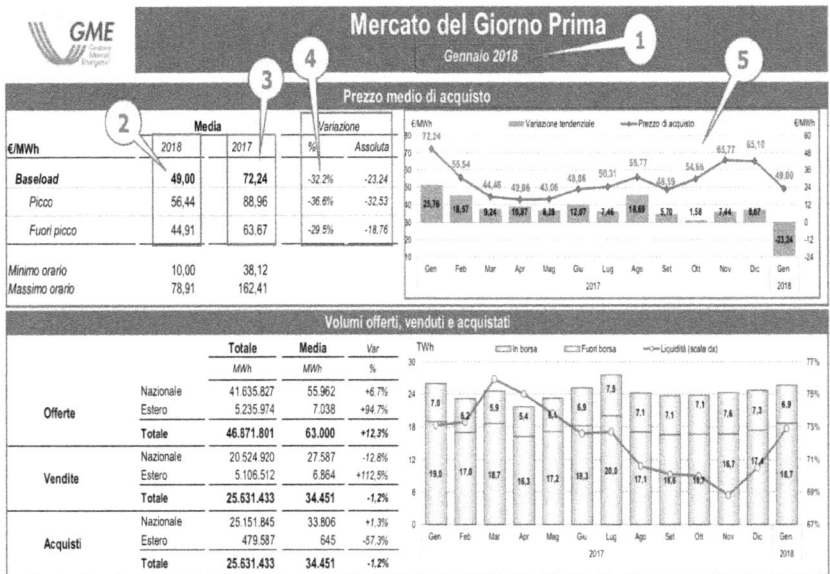

Anche il report giornaliero ci da alcune indicazioni utili.

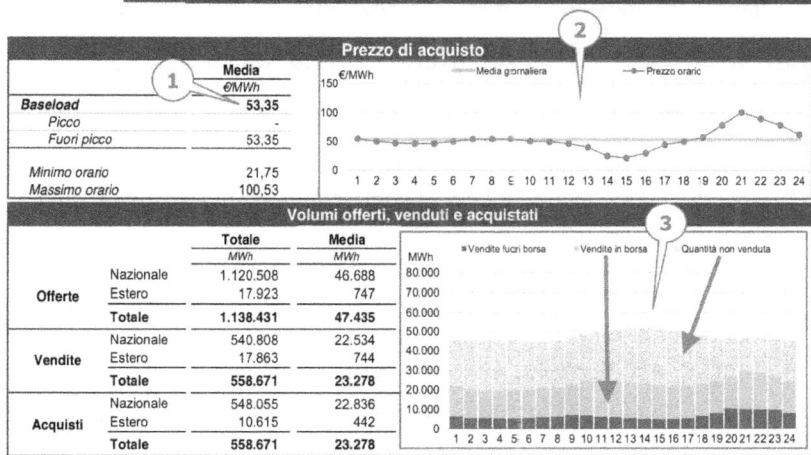

GME **Mercato del Giorno Prima**
lunedì 2 aprile 2018

Prezzo di acquisto ②

		Media	
		€/MWh	
Baseload		53,35	
Picco		-	
Fuori picco		53,35	
Minimo orario		21,75	
Massimo orario		100,53	

Volumi offerti, venduti e acquistati ③

		Totale	Media
		MWh	MWh
Offerte	Nazionale	1.120.508	46.688
	Estero	17.923	747
	Totale	1.138.431	47.435
Vendite	Nazionale	540.808	22.534
	Estero	17.863	744
	Totale	558.671	23.278
Acquisti	Nazionale	548.055	22.836
	Estero	10.615	442
	Totale	558.671	23.278

Al punto 1 si indica il PUN medio del giorno analizzato nel report.

Al punto 2 c'è il grafico con l'andamento dei prezzi nell'arco della giornata e come potrai notare ci sono delle differenze a volte importanti.

Al punto 3 troviamo un grafico interessante, con il blu e l'azzurro dove è indicata la quantità di energia che è stata venduta, la parte colorata di grigio rappresenta quella che è stata offerta sul mercato ma che il mercato non ha assorbito.

Qui il grafico evidenzia due cose: la prima che se guardi la linea di andamento dei prezzi vedi che c'è una relazione con l'andamento delle quantità vendute, nelle ore 21 e 22 con minor differenza tra domanda ed offerta i prezzi salgono. La seconda è che in Italia la capacità produttiva di energia è molto più alta del fabbisogno.

E qui si scopre un valore importante della liberalizzazione, avendo dato la possibilità di creare nuove centrali più moderne ed efficienti si è aumentata non solo la capacità produttiva ma anche la concorrenza e questo ha un effetto di contenimento dei prezzi sui mercati a tutto beneficio dei consumatori.

Fin qui abbiamo scoperto come vedere i dati a consuntivo, ci serve per guardare al passato, che a volte è utile, come pare abbia detto Confucio: *"il passato è una pesante lanterna che portiamo dietro le spalle ma serve ad illuminare il cammino che abbiamo davanti"*.

Se guardare al passato è comunque utile, avere anche un modo per ottenere indicazioni su quali siano le tendenze di andamento di prezzo dei mesi futuri è sicuramente utilissimo per capire se in

166

quel dato momento è meglio acquistare a prezzi variabili o prezzi fissi. Il modo esiste, vediamolo insieme scoprendo qualcosa di più su come funziona il mercato all'ingrosso dell'energia.

Il mercato all'ingrosso consente due modalità di acquisto per i fornitori:

- Il *mercato del giorno prima* - *MGP* in cui si fissano i prezzi per energia acquistata oggi e che va consegnata il giorno successivo. Ed i valori del PUN che abbiamo visto finora sono a consuntivo. Sono prezzi che si formano giorno per giorno sul mercato del giorno prima, questo PUN è quello usato per i calcoli che abbiamo simulato poche pagine fa.

- I *mercati a termine* - *MTE* dove i grossisti acquistano prenotando l'energia per i mesi successivi. In questo caso le partite possono essere prenotate fissando i prezzi per ogni mese, oppure per ogni trimestre od anche per un anno intero. Di solito i grossisti fanno un mix di acquisti.

Significa che le offerte proposte sul mercato al dettaglio rispecchieranno l'andamento dei mercati a termine. Quindi i dati espressi dai mercati a termine sono una buona indicazione di cosa succederà in un futuro a breve 3-6-12 mesi. E a questo punto possiamo mettere un punto fermo, il prossimo segreto di questo capitolo.

SEGRETO n. 2: il mercato all'ingrosso è diviso in due modalità di acquisto per i fornitori:
- **Il *mercato del giorno prima* in cui si fissano i prezzi per energia acquistata oggi e consegnata il giorno successivo.**
- **I *mercati a termine* dove i grossisti acquistano prenotando l'energia per i mesi successivi. In questo caso le partite possono essere prenotate fissando i prezzi per ogni mese, oppure per ogni trimestre od anche per un anno intero. Di solito i grossisti fanno un mix di acquisti.**

Ora ti mostro dove trovare questi dati, torniamo alla pagina principale del sito del GME http://www.mercatoelettrico.org/ L'immagine successiva li indica con la freccia rossa.

GIUSEPPE MERLINI – ENERGIA SENZA SORPRESE

Qui li vediamo meglio nel dettaglio a titolo di esempio.

169

Come noterai in una schermata del giorno 28.06.18 compaiono i prezzi di luglio, agosto, settembre 2018. Poi ci sono i prezzi espressi per i prossimi 4 trimestri e i prezzi per l'anno successivo, in questo caso il 2019.

Perché è un dato utile da conoscere? Perché i grossisti prenotano l'energia che venderanno ai propri clienti ai prezzi che si formano sui mercati a termine e i valori del PUN a cui i grossisti comprano l'energia sono la base sulla quale costruiscono le loro offerte aggiungendo i loro costi generali ed i loro margini. Facciamo il punto con alcuni dei nostri consueti segreti:

SEGRETO n. 3: i grossisti prenotano l'energia che venderanno ai propri clienti ai prezzi che si formano sui mercati a termine.

SEGRETO n. 4: i valori del PUN a cui i grossisti comprano l'energia sono la base sulla quale costruiscono le loro offerte aggiungendo i loro costi generali ed i loro margini.

SEGRETO n. 5: tutte le offerte sul mercato esprimono prezzi che sono sempre in relazione col PUN, sia quelle a prezzo fisso

che avranno valori vicino al PUN ed alle quotazioni dei mercati a termine del momento in cui sono state costruite, sia quelle a prezzo variabile che al PUN possono essere indicizzate.

I prezzi sui mercati a termine possono subire variazioni di giorno in giorno, ma normalmente i cambiamenti avvengono in modo graduale.

Ad eccezione di avvenimenti straordinari che possono incidere fortemente ma su un arco temporale breve, come successo un paio di volte nell'autunno - inverno 16/17 ed in quello 17/18, quando alcune centrali nucleari francesi erano ferme per manutenzione e per sopperire a questo fermo il sistema francese ha dovuto comprare anche in Italia aumentando la domanda sul mercato e facendo quindi salire i prezzi, rientrato il problema francese i prezzi si sono riassestati. A questo punto emergono altri due punti fermi:

SEGRETO n. 6: il consumatore può reperire in modo semplice i dati dei prezzi di mercato, sia del mercato del giorno prima, sia dei mercati a termine.

SEGRETO n. 7: il consumatore può così facilmente documentarsi per scegliere con consapevolezza ed individuare la giusta tattica ed indirizzarsi meglio tra prezzi fissi o prezzi variabili.

Bene siamo giunti al termine di questo capitolo, dove abbiamo scoperto e conosciuto il mercato elettrico e tutto quello che ti serve per informarti sull'andamento dei prezzi, compreso quelli futuri.

All'inizio del capitolo abbiamo usato una metafora che paragonava l'acquisto dell'energia ad un investimento, ora dovresti aver compreso che ci sono molte analogie con le borse valori o merci. Nel caso della borsa dell'energia il consumatore ha un grande vantaggio poiché l'esistenza dei mercati a termine da indicazioni molto importanti ed affidabili sugli andamenti futuri dei prezzi.

Quindi fai pure riferimento agli insegnamenti avuti in questo capitolo per informarti ed aggiornarti prima di scegliere tra le varie proposte ed anche nel tempo, questo ti consentirà di tutelarti anche rivedendo le tue scelte di tanto in tanto. Questi se vuoi gli ultimi segreti di questo capitolo.

SEGRETO n. 8: fai riferimento agli insegnamenti avuti in questo capitolo per informarti ed aggiornarti nel tempo, questo ti consentirà di tutelarti rivedendo le tue scelte di tanto in tanto.

SEGRETO n. 9: per una buona gestione della tua spesa energetica visita periodicamente il sito del GME:

http://www.mercatoelettrico.org

RIEPILOGO DEL CAPITOLO 6:

- SEGRETO n. 1: sul mercato elettrico si fissa il prezzo all'ingrosso dell'energia e viene denominato *PUN - Prezzo Unico Nazionale*. Il PUN viene fissato in quello che viene chiamato *mercato del giorno prima*, cioè significa che ogni giorno si tratta e di definisce il prezzo dell'energia consegnata il giorno dopo.
- SEGRETO n. 2: il mercato all'ingrosso è diviso in due modalità di acquisto per i fornitori: 1) il mercato del giorno prima in cui si fissano i prezzi per energia acquistata oggi e che va consegnata il giorno successivo 2) i mercati a termine, i cui i grossisti prenotano l'energia per i mesi successivi. In questo caso le partite possono essere prenotate fissando i prezzi per ogni mese, trimestre o per un anno intero.
- SEGRETO n. 3: i grossisti prenotano ai prezzi che si formano sui mercati a termine l'energia che venderanno ai propri clienti.
- SEGRETO n. 4: i valori del PUN a cui i grossisti comprano l'energia sono la base sulla quale costruiscono le loro offerte aggiungendo i loro costi generali ed i loro margini.
- SEGRETO n.5: tutte le offerte sul mercato esprimono prezzi che sono sempre in relazione col PUN e le quotazioni dei mercati

a termine, sia quelle a prezzo fisso che avranno valori vicino e un po' superiori al PUN del momento in cui sono state costruite, sia quelle a prezzo variabile al PUN che possono essere indicizzate.

- SEGRETO n. 6: per il consumatore è possibile e semplice reperire i dati dei prezzi di mercato, sia del mercato del giorno prima, sia quelli dei mercati a termine.

- SEGRETO n. 7: il consumatore si può così facilmente documentare sugli andamenti per scegliere con consapevolezza ed individuare la giusta tattica indirizzandosi meglio tra prezzi fissi o prezzi variabili.

- SEGRETO n. 8: fai riferimento agli insegnamenti avuti in questo capitolo per informarti ed aggiornarti nel tempo, questo ti consentirà di tutelarti anche rivedendo le tue scelte di tanto in tanto.

- SEGRETO n. 9: fai diventare la visita al sito del gestore dei mercati energetici una tappa periodica per una buona gestione della tua spesa energetica. http://www.mercatoelettrico.org

Capitolo 7:

Le possibilità e le offerte del mercato

Ora che sai dove reperire i dati sugli andamenti dei mercati e dei prezzi puoi indirizzarti meglio verso una giusta scelta tra le opportunità del mercato, andiamo quindi a vedere quali proposte offre il mercato. Abbiamo già detto che esiste un servizio di maggior tutela con condizioni di prezzo stabilite trimestralmente dall'Autorità ARERA e che questo tipo di regime terminerà il 30 giungo 2019.

Esiste poi il mercato libero, dove i fornitori propongono varie tipologie di offerte ed i clienti possono scegliere tra le varie proposte. Prima di addentrarci a parlare del mercato libero facciamo qualche considerazione su noi in quanto consumatori.

Per gli studi sociologici e di marketing noi tutti come consumatori siamo generalmente catalogati in tre grandi macro-categorie:
- *Gli innovatori*: la categoria di persone che di fronte alle novità

sono sempre pronte ad accettarle ed a farle proprie in modo abbastanza veloce. Di solito sono persone informate e curiose, spesso esperte in qualche campo specifico del quale vogliono sempre avere le novità, altre scelgono per impulso e voglia di nuovo senza necessariamente approfondire la conoscenza del prodotto o servizio che stanno per acquistare. Pensa alle file davanti a certi negozi in attesa del nuovo modello. Nel caso dell'energia sono quelli che sono passati al mercato elettrico nei primi anni della liberalizzazione e che oggi sono più attente alle innovazioni del settore come la mobilità elettrica.

- *I seguaci o adottanti*: sono le persone che prestano attenzione alle innovazioni ma le fanno proprie solo dopo l'esperienza di altri che conoscono e quando hanno avuto riprova che le innovazioni funzionano e/o portano beneficio o quantomeno non portano danno. Un po' il *"vai avanti tu che poi ti seguo"*. Tra questo tipo di consumatore funziona molto bene il passaparola come stimolo iniziale e non sempre tendono ad informarsi prima di decidere, a volte seguono qualcuno fidandosi di esperienze vissuta da altri.

- *I conservatori:* le persone spesso molto legate alle loro abitudini o che diffidenti verso il nuovo cambiano a fatica qualsiasi cosa, qualcuno direbbe i fautori del: *"abbiamo sempre fatto così"*.

177

Generalmente si informano poco o lo fanno solo se obbligati dagli eventi e spesso si fanno trovare impreparati di fronte a cambiamenti obbligatori di cui abbiamo tanti esempi, basti pensare all'esempio del decoder tv, (c'è chi ha dovuto smettere di vedere le immagini sullo schermo per adottarlo).

Perché ti parlo di questo? Perché il cambiamento che ci sarà nel 2019 sarà epocale e l'Autorità lo ha rimandato più volte ritenendo che molti cittadini sono poco pronti a questo cambiamento e potrebbero trovarsi in difficoltà. Ha quindi pensato a modalità che potessero creare un'ulteriore gradualità per abituare i cittadini ad affrontare scelte che incidono sui loro denari.

Oltre a tutte le opportunità già offerte dal mercato libero che vedremo tra poco, l'Autorità ha disposto che dal 1 gennaio 2017 per tutti i clienti domestici o piccole medie imprese che ancora fossero serviti dalla maggior tutela si attivasse una modalità definita *Tutela Simile*, te ne parlo anche se all'uscita di questo libro potrebbe non essere più disponibile da qualche giorno, perché comprenderla è un passaggio utile.

La tutela simile

In cosa consiste la tutela simile? È una particolare tipologia di contratto di fornitura che può essere offerta dai fornitori di energia del mercato libero ma ha condizioni stabilite dall'Autorità che devono essere obbligatoriamente omogenee per tutti i fornitori.

In pratica le condizioni contrattuali che i fornitori devono offrire sono:
- essere analoghe a quelle del servizio di maggior tutela;
- applicare un bonus una tantum nella prima bolletta di fornitura, che può avere valore diverso tra i fornitori;
- avere durata di 12 mesi e non può essere rinnovabile.

Questa tipologia di contratto si può attivare sia in modo autonomo che passando da alcune associazioni accreditate. Per aderire autonomamente occorre accedere al sito centrale https://www.portaletutelasimile.it e registrarsi nella propria categoria di appartenenza, *cliente domestico* per casa oppure per le piccole medie imprese *non domestico*.

Una volta registrati si potrà accedere ad informazioni come:

- l'elenco delle società che si sono abilitate, ordinate per sconto proposto;
- la descrizione del bonus sconto espresso in euro;
- il numero dei contratti disponibili per quell'offerta.

Scegliendo di aderire ad una proposta si riceve un *codice di prenotazione*. Attraverso il portale vieni indirizzato al sito del fornitore dove potrai avere la documentazione contrattuale per controllarla. Dal ricevimento del codice hai 15 giorni per confermare la tua scelta concludendo il contratto col fornitore scelto. Naturalmente come per ogni contratto hai dei tempi per eventuali ripensamenti.

Questo tipo di contratti attivabili solo fino al 30 giugno 2018 possono durare massimo 12 mesi, quindi occorre fare attenzione alla scadenza, poiché si rinnovano automaticamente ma senza nessun nuovo bonus.

Quali sono i vantaggi della tutela simile? Che è una modalità attivabile in pochi passaggi, ed è tutto sommato semplice per affrontare un cambiamento graduale se si ha timore ad affrontare la scelta tra i vari contratti offerti sul mercato libero.

Quali sono i possibili svantaggi e rischi di questa tipologia di acquisto? Per quanto questa tipologia di offerte dia una garanzia di risultato di risparmio, attraverso il bonus, resta una offerta legata al prezzo di maggior tutela, una tipologia di prezzo variabile trimestralmente, in alcuni casi potrebbe essere penalizzante e si potrebbero trovare formule sul mercato che danno risultati di risparmio più alto. Insomma è come comprare un titolo a rendimento fisso (il bonus), da qualche garanzia ma non è detto che dia il miglior risultato.

Un altro aspetto da considerare è che questa modalità che crea una classifica del valore dei bonus spinge i fornitori ad investire cifre a volte importanti per poter essere tra i primi posti della classifica. Questo può apparire un vantaggio per i clienti, ma da una parte potrebbe portare il fornitore a ridurre il livello di servizio per sostenere il bonus promesso.

Il dato di fatto è che le richieste di adesione alla tutela simile sono state ridottissime rispetto alle attese dell'Autorità e dei fornitori.

Occorre tenere presente che l'energia è sempre stata considerata un bene indispensabile sul quale i fornitori hanno margini molto ridotti, vero che hanno grandissimi volumi di fatturato ma i margini sono molto bassi.

Parafrasando le parole del buon Ligabue nella sua canzone *L'Amore conta*: *"per quanto tiri sai che la coperta è corta"*.

Possiamo dire che a fronte di prezzi troppo bassi o il fornitore sta probabilmente correndo dei rischi o potrebbe essere costretto a dare molto meno in termini di servizio. Non è che sia giusto o sbagliato ma è importante che il consumatore lo sappia e si regoli di conseguenza, assumendosi eventuali rischi.

Inoltre questo genere di classifica è una mera classificazione basata sul prezzo e non tiene conto dei valori con cui tu puoi voler fare le tue scelte. Scoprirai che non tutti i fornitori presentano una loro offerta, questo perché la modalità con cui si forma il prezzo di maggior tutela espone il fornitore a dei rischi in quanto il prezzo è stabilito da terzi, in questo caso l'Autorità ARERA, sulla base dei costi avuti dall'Acquirente Unico per l'acquisto dell'energia con una modalità non replicabile dai fornitori di energia.

Vendere in modo diverso da quello in cui si compra, in un mercato volatile, espone a rischio elevato per i fornitori e quelli più avveduti lo evitano. Mettiamo qualche punto fermo di questo capitolo.

SEGRETO n. 1: la tutela simile è una modalità di acquisto equiparabile per regole e condizioni economiche al servizio di maggior tutela, ma con il vantaggio di avere un bonus sui prezzi di maggior tutela. Attivabile solo fino al 30 giugno 2018, ha avuto poco successo rispetto a quanto si pensasse.

SEGRETO n. 2: le offerte di tutela simile hanno durata di 12 mesi ed alla scadenza si rinnovano senza vantaggi sul prezzo di maggior tutela o a nuove condizioni da mercato libero. Chi ha aderito dovrà tenere monitorata la scadenza e le eventuali nuove condizioni proposte oppure dare disdetta in tempo utile.

SEGRETO n. 3: nel mercato dell'energia i margini degli operatori sono molto ridotti e quindi anche le possibilità di fare grandi differenze sul prezzo.

SEGRETO n. 4: a volte i fornitori potrebbero prendere dei rischi o potrebbero essere costretti a ridurre il livello generale dei servizi offerti per rendere le loro offerte più aggressive.

SEGRETO n. 5: la classifica dei bonus che trovi sul portale della tutela simile è una mera classificazione basata sul prezzo e non tiene conto dei valori con cui tu puoi voler fare le tue scelte e delle differenze di servizio che puoi avere dai vari fornitori.

Dal 30 giugno 2018 la possibilità della tutela simile termina e l'Autorità ha disposto che a partire dal 1 luglio 2018 la tutela simile sarà sostituita da una nuova possibilità, la nuova modalità si chiama *P.L.A.C.E.T.* che è l'acronimo di Prezzo Libero A Condizioni Equiparate di Tutela. Trovi il comunicato dell'Autorità ARERA qui:

https://www.arera.it/it/com_stampa/17/170731.htm

Le offerte P.L.A.C.E.T

Anche loro sono un passo per abituare i clienti meno preparati ad abituarsi al mercato libero e verso quello che sarà dal 1 luglio '19.

A differenza della tutela simile, tutti i fornitori saranno obbligati a presentare sul mercato le offerte P.L.A.C.E.T, queste offerte saranno costruite secondo le indicazioni dettate dall'Autorità ARERA, in pratica uguali per condizioni generali e struttura del prezzo e differenti per prezzo applicato.

Anche in questo caso un portale www.prezzoenergia.it , gestito dall'AU, a disposizione dei consumatori con la possibilità di confronto tra le offerte ma da una prima analisi qualcosa sarà da aggiustare se facendo un confronto già tra le prime due offerte ci sono differenze enormi, trovi qui sotto un esempio di una simulazione su cliente da 2.700 KWh/annui, con anche l'ultima offerta.

PLACET Fissa
Offerta valida dal 20/03/2018

256,73 € annui

PLACET Fissa
Offerta valida dal 10/05/2018

382,13 € annui

PLACET Fissa
Offerta valida dal 01/06/2018

2.710,37 € annui

Di sicuro ogni fornitore dovrà rendere disponibile nel proprio sito questo tipo di offerte, per cui meglio chiedere direttamente la documentazione contrattuale al fornitore e confrontarla con quanto impari qui, almeno per ora.

Lo spirito dichiarato dall'Autorità è quello di facilitare i consumatori ma restano tutte le considerazioni fatte nelle pagine precedenti sul sistema di tutela simile.

Probabilmente alcuni fornitori proveranno a fare una guerra al ribasso con le possibili conseguenze di cui abbiamo già parlato, ma le differenze, di ben 4,65 €cent/KWh, che hai visto nella pagina precedente tra le prime due offerte sono improbabili. Forse qualche fornitore che per scelta sparerà prezzi così alti da tirarsi fuori dalla mischia e giocarsi le sue carte con offerte magari più dedicate e attente alle esigenze dei vari Valori dei clienti.

Come dovranno essere le offerte P.L.A.C.E.T che tutti i fornitori dovranno rendere disponibili? Saranno di due tipologie, una a prezzo fisso ed una a prezzo variabile, a differenza delle offerte presenti sul mercato libero i prezzi saranno espressi già comprensivi delle Perdite di Rete pari al 10,4%. Non potranno contenere né costi né servizi aggiuntivi.

Come sono fatte le *P.L.A.C.E.T*

- *P.L.A.C.E.T a prezzo fisso* avranno un Prezzo per la componente energia che sarà bloccato per 12 mesi. Il prezzo dovrà essere espresso nelle 3 fasce F1, F2, F3.
- *P.L.A.C.E.T a prezzo variabile* saranno con un prezzo agganciato al PUN, il Prezzo Unico Nazionale fissato sui mercati

all'ingrosso. Il prezzo proposto dovrà essere espresso in questo modo:

espresso per fasce orarie F1, F2, F3 (F0 laddove esiste ancora un contatore mono orario).

Utilizzando questa formula $(1+\lambda) * (P\_{INGM} + \alpha)$

Dove λ = perdite di rete

P_{INGM} = media aritmetica del PUN mensile in ciascuna fascia oraria

α = **parametro liberamente definito da ciascun venditore.**

Semplificando: il parametro α corrisponde ad uno spread, la differenza tra il PUN ed il prezzo che pagherai, costituisce il margine lordo del fornitore. In pratica il parametro α (spread) è quello su cui concentrarsi poiché è l'unico aspetto su cui i fornitori potranno fare la differenza in termini di prezzo, potranno comunque esserci differenze in termini di servizio e di aderenza ai tuoi valori. Abbiamo già visto il PUN nel capitolo precedente e ti saranno più chiari questi concetti, ora mettiamo un altro punto fermo.

Prova ad immaginare come sarebbe se questa modalità fosse applicata ad altri prodotti, ad esempio quello dell'abbigliamento o dell'automobile, sarebbe come se ogni casa automobilistica fosse obbligata a fare un'auto assolutamente uguale a quella di tutte le altre case automobilistiche cercando di fare mercato solo col prezzo più basso, tu la compreresti quell'auto o valuteresti se ce ne fosse qualcuna che rispondesse meglio alle tue esigenze?

SEGRETO n. 6: dal 1 luglio 2018 il sistema delle offerte P.L.A.C.E.T sostituirà quello della tutela simile. Tutti i fornitori hanno obbligo di metterle a disposizione dei clienti.

SEGRETO n. 7: Un portale www.prezzoenergia.it gestito dall'AU dovrebbe consentire un confronto ma, analizzando gli attuali confronti, sembra che qualche parametro vada sistemato, meglio chiedere i contratti ai fornitori e confrontarli con quanto imparato qui.

SEGRETO n. 8: le offerte P.L.A.C.E.T regolate da condizioni dettate dall'Autorità sono tutte uguali a differenza del prezzo proposto. Non potranno avere né costi aggiuntivi né servizi migliorativi.

SEGRETO n. 9: saranno distinte per prezzo fisso per 12 mesi, o prezzo variabile PUN + spread, tutte e due declinate su tre fasce.

SEGRETO n. 10: occorre fare particolarmente attenzione alla scadenza ed al rinnovo delle condizioni economiche. Il fornitore deve inviare le nuove condizioni P.L.A.C.E.T con 3 mesi di preavviso oppure applicare la minore tra offerta in essere e la nuova offerta in vendita alla scadenza.

Restano le considerazioni già fatte per le offerte a tutela simile. Andiamo a conoscere i tipi di offerta che puoi trovare sul mercato.

Le tipologie di offerte sul mercato libero

Hai già avuto un piccolo anticipo con le due differenti offerte P.L.A.C.E.T ma approfondiamo quali tipologie di offerte si possono trovare nel mercato libero e vedremo poi insieme quali aspetti dei contratti necessitano la attenzione più alta per non incorrere in errori di valutazione. Sul mercato le tipologie di offerte più presenti sono così declinate:

- a prezzo fisso;
- a prezzo variabile;
- energia verde;
- a prezzo misto;
- flat.

Queste ultime due molto poco diffuse, quelle *flat* si vedono più facilmente proposte nel mercato domestico e delle micro imprese.

Le offerte a prezzo fisso

Nelle offerte a prezzo fisso il prezzo della componente energia viene definito in fase di sottoscrizione e rimane fisso ed invariabile per un determinato periodo di tempo, in genere 12 o 24 mesi, dopo di che i prezzi si aggiornano, a volte automaticamente.

Quella del prezzo fisso è una modalità di acquisto valida quando i prezzi sono in fase ascendente, cosa che non sempre accade come nel caso della caduta dei prezzi dal 2012 al 2016, scesi del 43%.

La tipologia di offerta a prezzo fisso è la più diffusa e la più proposta sul mercato, ti sembrerà strano ma lo è stata sia quando i prezzi salivano che quando scendevano. È la più proposta per diverse ragioni:

- ai fornitori garantisce un fatturato preventivabile per tutto il periodo delle condizioni economiche ed in momenti di instabilità o crisi dell'economia non è cosa da poco;

- rende più facile la formazione delle reti vendita senza preoccuparsi di insegnare ai propri venditori come far sfruttare al cliente gli andamenti di mercato;

- è più facile da spiegare ai clienti;

- consente a chi vende di fare leva sulle paure dei clienti di perdere denaro per il rialzo dei prezzi, cosa vera solo se i prezzi sono effettivamente in rialzo;

- ai clienti sembra di semplificarsi la vita perché si presta ad un confronto di prezzo diretto con altre offerte a prezzo fisso, anche se spesso viene impropriamente confrontata in modo diretto e semplicistico anche con le offerte a prezzo variabile;

- al cliente dà la sensazione di poter stabilire un budget di spesa cosa non completamente corretta poiché blocca il prezzo solo per ca. 30-40% della spesa, lasciando variabili tutti i costi passanti definiti trimestralmente dall'Autorità.

192

Le offerte a prezzo fisso offrono il vantaggio di tutelare la propria spesa in caso di rialzo dei prezzi e di avere una relativa facilità di confronto con offerte dello stesso tipo. Occorre fare attenzione come sempre ai costi accessori ed alla scadenza del prezzo per non incorrere in aggiornamenti svantaggiosi. Sulle offerte a prezzo fisso possiamo mettere qualche punto fermo:

SEGRETO n. 11: la tipologia di offerta a prezzo fisso è la più diffusa e la più proposta sul mercato, perché è la più semplice da insegnare ai venditori e da spiegare ai clienti.

SEGRETO n. 12: il prezzo fisso fa leva sulle diffuse e spesso non sensate paure dei rialzi di prezzo. Di fatto blocca il prezzo solo per un terzo della spesa, mentre i costi passanti variano ad ogni trimestre, a volte in modo importante. Quindi non consente di fare un reale budget.

SEGRETO n. 13: il prezzo fisso è sempre conveniente per il fornitore che sa a quanto venderà, non lo è per il cliente quando i prezzi sono in discesa.

Le offerte a prezzo variabile

Questa categoria di offerte è un po' più ampia di quelle a prezzo fisso, la caratteristica principale è appunto che il prezzo della componente energia varia durante il periodo contrattuale in base ad un indice definito contrattualmente, le variazioni possono essere mensili o trimestrali. In sostanza quando gli indici a cui sono legate scendono anche i prezzi scendono e viceversa se gli indici salgono i prezzi salgono.

Gli indici più usati sono di due tipi:

- *Indici legati all'andamento dei combustibili*, in pratica a panieri prestabiliti in cui il combustibile di maggior riferimento in genere è il *brent*, tutti questi combustibili ed i panieri hanno quotazioni ufficiali pubblicate sui siti specializzati, non di facile accesso o comprensione a chi non è del settore. Per semplificare diciamo che in linea di massima seguono l'andamento del costo del petrolio, quindi hanno andamenti più vicini all'andamento dell'economia mondiale. Questo tipo di offerte ha variazioni molto lente poiché gli indici tengono conto della media delle quotazioni di vari mesi, da 3 a 9 in genere.

- *Indici legati al PUN*, acronimo di Prezzo Unico Nazionale, il prezzo che si forma sul mercato all'ingrosso dell'energia. Il mercato energetico è gestito dal GME, ne abbiamo parlato nel primo capitolo, ed è la piattaforma dove i produttori vendono ed i grossisti comprano. Il prezzo si forma sulla base della domanda e dell'offerta, più alta la domanda di energia più si alza il prezzo.

Le quotazioni sono fissate in queste modalità:
- *PUN orario* con prezzo fissato per ogni ora del giorno;
- *PUN medio mensile* la media matematica del prezzo di tutte le ore del mese;
- *PUN per fasce* prezzo declinato nelle fasce F1, F2, F3.
- *PUN peak-off peak* due fasce Peak 8-20 da lunedì a venerdì Off peak dalle 20 alle 8 lun-ven + sabati e festivi

Considerate le diverse tipologie di classificazioni del PUN anche le offerte indicizzate al PUN si possono declinare nelle prime tre modalità citate, quindi esprimere dei prezzi che possono essere:
- *Prezzi orari*, applicabile solo in caso di contatore orario (non presente nelle nostre case).
- *Prezzi per fasce* F1 F2 F3 applicabile solo in caso di

contatore orario o per fasce.

- *Prezzo unico* sulla base del PUN medio mensile.

Le offerte variabili legate al PUN sono in genere di due tipologie.

Andiamole a scoprire.

1. **PUN + Spread:** in questo caso viene fissato uno spread di solito calcolato in euro/KWh che resta invariato mese per mese mentre la parte variabile è il PUN con le sue quotazioni.

Ti faccio un esempio per chiarire ancora meglio, immaginiamo che sia stato fissato uno spread pari a 1 centesimo/KWh e simuliamo le situazioni ed i prezzi su tre mesi diversi.

Mese	PUN medio	Spread	Prezzo applicato
	Cent/KWh	Cent/KWh	PUN+ Spread
			Cent/KWh
nov-17	6,57	1	**7,57**
dic-17	6,51	1	**7,51**
gen-18	4,9	1	**5,9**

Come reperire i dati del PUN lo hai scoperto nel capitolo precedente, ora vediamo l'altra tipologia di offerte legate al PUN.

2. **Prezzo + indicizzazione al PUN:** in questo secondo caso viene fissato un prezzo iniziale, normalmente chiamato P0 (Pzero) ed un PUN0 (PUNzero).

Ogni mese si applica in aggiunta al P0 una variazione, di solito chiamata alfa, che è pari alla differenza tra il PUN0 e il PUN mensile di quel mese, di solito chiamato PUNm (PUNemme). Anche qui proviamo a fare una simulazione ed ipotizziamo che il P0 sia di 4,0 cent/KWh ed il PUN0 sia 3,0 cent/KWh.

Mese	P0 cent/KWh	PUN0 cent/KWh	PUNm Cent/KWh	Variazione su PUN0 PUNm - PUN0	Prezzo Applicato P0 + PUNm - PUN0
Mese 0	4	3			
nov-17	4	3	6,57	3,57	**7,57**
dic-17	4	3	6,51	3,51	**7,51**
gen-17	4	3	4,9	1,9	**5,9**

Questa tipologie di offerte a volte può spaventare il cliente, ed a volte anche i venditori meno preparati, poiché è meno semplice da spiegare e perché presuppone un po' di conoscenza in più su come reperire i dati per dare al cliente consapevolezza di cosa sta acquistando e di cosa potrebbe succedere ai prezzi nel tempo. Ma un buon professionista preparato può guidare il cliente alla comprensione ed a scelte più consapevoli. In realtà è molto meno complicato di quanto sembra e trovare i dati del PUN ed anche quelli per prevedere in che direzione andranno i prezzi non è così difficile, tu lo hai già compreso nei capitoli prima.

Come le altre offerte anche le formule a prezzo variabile hanno vantaggi e svantaggi. Gli svantaggi possono essere legati alle variazioni di prezzo nei mesi ed a volte a qualche impennata temporanea dei prezzi. Questo normalmente non avviene per le offerte indicizzate ai combustibili poiché eventuali impennate dei prezzi del petrolio o del gas sono attenuate dagli indici che utilizzano le medie di diversi mesi, monitorare gli indici di queste offerte può essere meno semplice.

I vantaggi delle offerte a prezzo variabile sono quelli di avere prezzi che sono sempre in linea con l'andamento dei mercati ed in genere nel lungo periodo offrono medie di prezzo vantaggiose.

Le offerte legate al PUN, offrono con una certa facilità e possibilità di avere più sotto controllo l'andamento dei prezzi e gli andamenti futuri e quindi di prevenire anche possibili rialzi dei prezzi. Inoltre non contengono un costo che il fornitore sostiene per le coperture di rischio presenti nelle offerte a prezzo fisso.

Altro vantaggio non doversi preoccupare di scadenze e rinnovi dei prezzi fissi.

Anche qui si rende necessario mettere qualche punto fermo.

SEGRETO n. 14: anche le offerte a prezzo variabile hanno vantaggi e svantaggi, sono da preferire quando i prezzi tendono a scendere o alla stabilità o nel lungo periodo.

SEGRETO n. 15: offerte legate al PUN offrono una certa facilità di controllo degli andamenti dei prezzi passati e futuri. In genere nel lungo periodo sono vantaggiose, occorre non lasciarsi condizionare da variazioni temporanee e considerare andamenti su un periodo perlomeno annuale.

SEGRETO n. 16: le offerte legate ai combustibili hanno indici meno semplici da monitorare ma hanno il vantaggio di avere variazioni più graduali.

Le offerte verdi

Di questo aspetto abbiamo già parlato nel capitolo relativo ai valori, parlando dell'eco-sostenibilità delle aziende. Normalmente le offerte contenenti i Certificati di Origine Fonti Energetiche Rinnovabili, COFER, hanno un costo aggiuntivo, poiché produrre da energia rinnovabili è più costoso che produrre da fonti fossili.

Il contratto di acquisto ed il costo aggiuntivo possono essere già inseriti in una offerta standard o avere un contratto ed un costo contabilizzato a parte. I costi in più per questo tipo di offerte sono generalmente attestati su prezzi che vanno da 0,15 a 0,50 cent/KWh.

Le offerte miste

Sono tipologie di offerte poco diffuse nel mercato domestico ed anche in quello aziendale. In pratica sono configurate in modo da applicare un prezzo fisso ad una parte dei consumi ed un prezzo variabile alla parte restante. Interessanti perché hanno il vantaggio di mediare rischi, svantaggi e vantaggi delle offerte a prezzo fisso ed a prezzo variabile.

Le offerte flat – tutto compreso

In pratica offrono un pacchetto prestabilito di KWh da consumare nel mese ad un prezzo già fissato. Possono avere delle penali se si superano le soglie di consumo prestabilite, in genere valorizzando i consumi in eccesso con un costo per KWh un po' più alto.

Il vantaggio che può essere identificato in queste offerte è che sai prima quanto spendi, lo svantaggio è che il prezzo del prepagato corrisponde ad un prezzo di mercato dei KWh pre-calcolati e compresi. Il risultato è che se consumi di meno avrai pagato il KWh più del dovuto, se consumi oltre soglia in genere il costo del KWh in eccesso viene valorizzato con un prezzo più alto.

Ora se la domanda che ti frulla per la testa è: *"vabbè ma allora cosa è meglio, fisso, variabile, misto o flat?"*. La risposta a questa domanda la affronteremo più avanti nei prossimi ultimi due capitoli del libro dove scopriremo anche a cosa fare attenzione nei contratti che ci propongono.

Nel prossimo capitolo vedremo su cosa fare attenzione prima della stipula di un contratto e quindi cosa leggere e cercare nei contratti, sarà un capitolo breve ma molto molto importante.

RIEPILOGO DEL CAPITOLO 7:

- SEGRETO n. 1: esiste la tutela simile, una modalità di acquisto equiparabile per regole e condizioni economiche al servizio di maggior tutela, con il vantaggio di avere un bonus sui prezzi di maggior tutela. Attivabile fino al 30 giugno 2018.

- SEGRETO n. 2: le offerte di tutela simile hanno durata di 12 mesi ed alla scadenza si rinnovano senza vantaggi sul prezzo di maggior tutela o a nuove condizioni da mercato libero. Chi ha aderito dovrà tenere monitorata la scadenza e le eventuali nuove condizioni proposte oppure dare disdetta in tempo utile.

- SEGRETO n. 3: nel mercato dell'energia i margini degli operatori sono molto ridotti e quindi anche le possibilità di fare grandi differenze sul prezzo.

- SEGRETO n. 4: a volte i fornitori potrebbero prendere dei rischi o potrebbero essere costretti a ridurre il livello generale dei servizi offerti per rendere le loro offerte più aggressive.

- SEGRETO n. 5: la classifica dei bonus che trovi sul portale della tutela simile è una mera classificazione basata sul prezzo e non tiene conto dei valori con cui tu puoi voler fare le tue scelte e delle differenze di servizio che puoi avere dai vari fornitori.

- SEGRETO n. 7: Un portale www.prezzoenergia.it gestito dall'AU dovrebbe consentire un confronto ma, analizzando gli attuali confronti, sembra che qualche parametro vada sistemato, meglio chiedere i contratti ai fornitori e confrontarli con quanto imparato qui.

- SEGRETO n. 7: dal 1 luglio 2018 il sistema delle offerte P.L.A.C.E.T sostituirà quello della tutela simile. Tutti i fornitori hanno obbligo di metterle a disposizione dei clienti.

- SEGRETO n. 8: le offerte P.L.A.C.E.T sono regolate da condizioni dettate dall'Autorità, sono tutte uguali a differenza del prezzo proposto. Non potranno avere né costi aggiuntivi né servizi migliorativi.

- SEGRETO n. 9: saranno distinte per 1) prezzo fisso per 12 mesi. 2) prezzo variabile PUN + spread. Tutte e due declinate sulle tre fasce F1, F2, F3.

- SEGRETO n. 10: occorre fare particolarmente attenzione alla scadenza ed al rinnovo delle condizioni economiche. Il fornitore deve inviare le nuove condizioni P.L.A.C.E.T con 3 mesi di preavviso oppure applicare la minore tra offerta in essere e nuova offerta in vendita alla scadenza.

- SEGRETO n. 11: la tipologia di offerta a prezzo fisso è la più diffusa e la più proposta sul mercato, perché è la più semplice da insegnare ai venditori ed ai clienti.

- SEGRETO n. 12: il prezzo fisso fa leva sulle diffuse e spesso non sensate paure dei rialzi di prezzo. Di fatto blocca il prezzo solo per ca. 30/35%, mentre i costi passanti variano ad ogni trimestre, a volte in modo importante. Quindi non consente di fare un reale budget.

- SEGRETO n. 13: il prezzo fisso è sempre conveniente per il fornitore che sa a quanto venderà, non lo è per il cliente quando i prezzi sono in discesa.

- SEGRETO n. 14: anche le offerte a prezzo variabile hanno vantaggi e svantaggi, ma sono da preferire quando i prezzi tendono a scendere o restano stabili oppure nel lungo periodo.

- SEGRETO n. 15: offerte legate al PUN offrono una certa facilità di controllo degli andamenti dei prezzi passati e futuri. In genere nel lungo periodo sono vantaggiose. Occorre fare attenzione a non lasciarsi condizionare da variazioni temporanee e considerare andamenti su un periodo perlomeno annuale.

- SEGRETO n. 16: le offerte legate ai combustibili hanno indici con variazioni più graduali ma meno semplici da monitorare.

Capitolo 8:
Contratti, a cosa prestare attenzione

Sarebbe auspicabile che prima o poi anche nel mondo dell'energia arrivi una normativa come quella che nel 2003 ha istituito l'obbligo di indicare il TAN ed il TAEG nelle proposte dei mutui e dei finanziamenti, immagino tu sappia che il TAN corrisponde al Tasso Annuo Nominale, cioè il tasso puro che la banca propone al cliente senza conteggi dei costi accessori; mentre il TAEG è il reale Tasso Applicato comprensivo di tutti i costi che la banca addebita al cliente in quel prestito o mutuo. Parliamo di costi di spedizione degli avvisi di pagamento, del costo istituzione pratica, di quello della perizia etc. etc. tutti costi che fanno aumentare il costo reale che il cliente paga.

Il TAEG nasce proprio per aiutare il cliente a comprendere quale sarà il tasso reale che pagherà.

Al momento non esiste ancora nulla di simile nel mondo

dell'energia ed in questi 15 anni di attività nel settore energetico ho assistito ad un'infinità di situazioni in cui le incomprensioni (e così le voglio chiamare per mantenermi neutrale nei confronti di qualsiasi venditore o fornitore) tra chi vende e chi compra, sono state la genesi di costi inaspettati per i clienti, spesso costi passati sotto traccia perché nessun controllo viene fatto al ricevimento delle fatture, ed in molti casi quando il controllo è stato effettuato ha portato malcontento in termini di aspettative disattese.

In realtà non che il settore energetico sia diverso da tanti altri, in un paese come il nostro in cui vige una legge che dice: *"la legge non ammette ignoranza"* e purtroppo dove è costume diffuso approfittare un po' dell'ignoranza altrui, intesa come ignoranza specifica rispetto a qualcosa, è necessario tutelarsi con la conoscenza, soprattutto con una attenta lettura quando si tratta di accettare e confermare contratti, di qualsiasi natura essi siano e quindi anche quelli relativi alle forniture di energia. Partiamo da alcuni presupposti importanti che se vuoi possiamo definire i primi punti fermi di questo capitolo.

SEGRETO n. 1: ciò che definisce quello che riceverai e che

pagherai non è nelle parole di chi vende ma nelle clausole scritte sul contratto, per cui è necessaria un'attenta lettura quando si tratta di accettare e confermare contratti.

SEGRETO n. 2: se il venditore ti cita qualche riferimento fai sempre richiesta di vedere dove è scritto e controlla.

SEGRETO n. 3: di ciò che viene affermato a parole, chiedi sempre dimostrazione sulla base di documentazione ufficiale e se si tratta di informazioni di mercato verifica su fonti imparziali, sugli andamenti dei prezzi hai già imparato come usare il sito del GME.

Andiamo a scoprire insieme su quali aspetti è importante fare attenzione prima di accettare di aderire ad un nuovo contratto di fornitura, o se vuoi anche per controllare quello che hai già firmato.

I contratti per la fornitura di energia sono spesso molto lunghi, pieni di clausole scritte in piccolo, questo a volte è un deterrente alla lettura che induce il consumatore a soprassedere e non leggere e quindi ad accettare senza consapevolezza, incappando a volte in costi non considerati, vanificando così il risparmio atteso e qualche volta spendendo addirittura più di prima.

In realtà, vedrai che gli aspetti su cui fare attenzione e su cui concentrarsi non sono tanti ed in genere contenuti in pochi specifici paragrafi del contratto, questo perché la gran parte dei vari paragrafi si attengono a quanto stabilito dalle normative e che va necessariamente inserito nei contratti da tutti i fornitori, parole su parole che fanno volume ma che non determinano una differenza reale tra i fornitori ed i prezzi che pagherai.

Partiamo da un primo aspetto su cui fare attenzione: i contratti di fornitura di energia sono sempre formati da almeno due parti:

    A. le condizioni economiche di fornitura;

    B. le condizioni generali di fornitura, dette CGF (o CGC).

È importante che ti vengano consegnate prima o al momento della proposta e tu le legga entrambe poiché nelle condizioni generali di contratto o fornitura possono essere inseriti costi non specificati nelle condizioni economiche di fornitura. Qui possiamo inserire qualche punto fermo di questo capitolo.

SEGRETO n. 4: i contratti di fornitura di energia sono sempre formati da almeno due parti:

    A) **le condizioni economiche di fornitura;**

    B) **le condizioni generali di contratto o fornitura CGC o CGF.**

SEGRETO n. 5: spesso nelle condizioni generali di contratto o fornitura possono essere inseriti costi non specificati nelle condizioni economiche di fornitura.

SEGRETO n. 6: è importante che ti vengano consegnate e tu le legga entrambe poiché nelle condizioni generali di contratto o fornitura possono essere inseriti costi non specificati nelle condizioni economiche di fornitura. Quindi la prima regola è sempre prima leggi, solo dopo conferma, mai il contrario.

Questo segreto appena sopra sembra un consiglio banale ma purtroppo è spesso dimenticato e non messo in pratica, ahimè.

Le condizioni economiche di fornitura

Questa parte del contratto è quella che indica appunto le principali condizioni economiche che regolano il rapporto tra il cliente ed il fornitore. Sono riferite al prezzo che ti verrà applicato, che come abbiamo visto nel capitolo precedente, può essere fisso per un determinato periodo, variabile su più parametri o flat in qualche raro caso.

Quindi un aspetto su cui fare attenzione è proprio su che tipologia di contratto e di prezzo ti viene proposto. Gli elementi per definire valutare tra prezzo fisso o variabile li hai già avuti in precedenza. Nelle condizioni economiche è definito anche il periodo di applicazione dei prezzi proposti e quindi la loro scadenza. Questo è un aspetto importante per due motivi:
- il primo è che la durata del contratto non necessariamente corrisponde alla durata del prezzo proposto all'inizio, ad esempio un contratto può essere anche a tempo indeterminato ed i prezzi avere una durata definita in 12 mesi;
- il secondo perché può capitare che un contratto sia inizialmente vantaggioso ma alla scadenza del periodo in cui il prezzo era determinato, lo stesso prezzo venga rinnovato con condizioni

meno interessanti. Per cui segnarsi la durata e la conseguente scadenza delle condizioni economiche è importante.

Qui di seguito un esempio che ci aiuta a comprendere alcuni dettagli di una offerta, questa a prezzo variabile

La formula del prezzo è PUN + spread dove il valore dello spread ad inizio fornitura è pari a 0,016 €/KWh, cioè 1,6 €cent/KW.

Spesa per la MATERIA ENERGIA ELETTRICA

L'offerta prevede l'applicazione di un CORRISPETTIVO ENERGIA differenziato per fasce orarie e **variabile mensilmente** in base ai valori assunti dal Prezzo Unico Nazionale (PUN)[1] nel mese di riferimento, maggiorato di un corrispettivo fisso pari a 0,01600 €/kWh.

I valori medi assunti dall'indice PUN nelle diverse fasce orarie nel 2017, sono stati pari a:

Poi alla scadenza dei 24 mesi di fornitura si aggiorna modificando lo spread applicato, passando dai 0,016 €/KWh a 0,20 €/KWh,

L'offerta ha validità 24 mesi decorrenti dalla data di attivazione della fornitura. Entro il termine del periodo contrattuale verrà inviata una comunicazione in forma scritta, ai sensi dell'articolo 4 delle Condizioni di Fornitura, in cui sarà illustrata la nuova proposta commerciale; in mancanza di tale comunicazione, a partire dal 25° mese, il corrispettivo fisso assumerà valore pari a 0,020 €/kWh.

sembra poca cosa ma è un aumento pari al 25% dello spread, cioè al fornitore l'aggiornamento procura un aumento del margine del

25%, e per il cliente costituisce un pari aumento di costo.

Nel caso sopracitato è già indicata e definita la variazione che verrà applicata, ma dice anche che potrebbe arrivare una comunicazione di variazione differente. Proprio per questo è importante segnarsi quali sono i tempi di preavviso che il fornitore ha per comunicarti i nuovi prezzi, e qui dovrai stare attento poiché la comunicazione può avvenire anche con qualche riga in una delle fatture che ricevi e quindi passare inosservata. Un buon consiglio è con l'avvicinarsi della scadenza del prezzo controllare ancora meglio le fatture. Quanto sopra mettiamolo come punto fermo.

SEGRETO n. 7: ogni contratto definisce la modalità del prezzo applicato ed anche la scadenza di quel prezzo. Allo scadere del prezzo pattuito il nuovo prezzo potrebbe essere meno vantaggioso.

SEGRETO n. 8: occorre segnarsi la scadenza e controllare le fatture per verificare quando il fornitore comunicherà i nuovi prezzi, per evitare che si aggiornino a condizioni meno vantaggiose senza esserne pienamente consapevoli.

Quando si valutano le condizioni economiche una buona regola è non lasciarsi condizionare da parole come sconto, bonus, promozione, risparmio etc., soprattutto quando alla parola sconto è abbinata una percentuale importante, poiché quasi sempre è un segnale che qualcosa va approfondito. Per un fornitore fare uno sconto importante del 20% o 30% è abbastanza facile se il prezzo iniziale è alto, è anche altrettanto facile per il consumatore incappare nell'errore del farsi ingolosire da parole tanto care a noi italiani professionisti della ricerca dell'affare a tutti i costi.

Ricorda nel mondo dell'energia la coperta delle marginalità è corta ed i migliori prezzi reali a parità di momento sono tutti abbastanza allineati, a meno che il fornitore non stia facendo ingenti investimenti per conquistare quote di mercato, ma a questo punto ricorda quanto abbiamo visto al capitolo sui valori riguardo strategie commerciali ed impatto dei rischi.

Tornando un po' alla citazione di inizio capitolo su TAN e TAEG potrai capire che anche nel caso dei contratti di fornitura di energia gli eventuali costi accessori non compresi nel prezzo nominale possono pesare pesantemente sul costo reale che andrà a pagare il cliente. Vediamone insieme qualcuno a cui porre attenzione. Intanto occorre sempre ricordare che i costi nella fornitura di energia sono di due tipologie:

- i costi afferenti al sistema elettrico, cioè quel sistema necessario a far arrivare l'energia nelle nostre case e nelle nostre aziende, e questi costi sono stabiliti trimestralmente dall'Autorità competente, l'ARERA. In questo caso i costi sono uguali per tutti i fornitori in quanto costi passanti, diffida quindi quando qualcuno ti dice che te li farà pagare di meno poiché non è cosa che corrisponde al vero.

- I costi definiti e applicati dal fornitore in base alle sue scelte commerciali e sui quali occorre puntare la propria attenzione.

Una delle problematiche nell'identificare i costi accessori applicati dai fornitori è che questi costi sono spesso definiti e citati in paragrafi che comprendono anche i costi afferenti al sistema e a volte succede che il consumatore non legga le clausole o non abbia sufficienti competenze per identificarli e quindi contemplarli nelle sue valutazioni. Consideriamo quanto sopra uno dei segreti da non dimenticare.

SEGRETO n.9: spesso i costi accessori applicati dai fornitori sono inseriti nei paragrafi relativi ai costi di trasporto o degli oneri di sistema. Leggi sempre questi paragrafi.

Vediamo quelli che si possono trovare con una certa frequenza.

Lo sbilanciamento

Il costo dello sbilanciamento è una penale che il fornitore paga a TERNA, il gestore della rete nazionale, quando i consumi della totalità dei suoi clienti non sono conformi alle previsioni di prelievo che il fornitore deve necessariamente fornire a TERNA all'inizio dell'anno e sulle quali può comunicare degli aggiornamenti di giorno in giorno.

Questo perché nel momento in cui la quantità di energia prelevata è superiore od inferiore il sistema elettrico ne può subire una complicazione gestionale e quindi un aumento di costo, generando una penale che ricade sul fornitore.

Qui di seguito vedi un esempio di una clausola che prevede l'applicazione dello sbilanciamento inserita nel paragrafo in cui si citano i costi passanti come trasporto ed oneri di sistema.

3.4 Per la fornitura di energia elettrica, oltre ai prezzi per l'energia fornita indicati nelle CTE, al Cliente verranno fatturati: a) i corrispettivi a copertura delle spese di Trasporto, Gestione Contatore e Oneri di Sistema previste per i Clienti del mercato libero secondo quanto indicato nelle fatture del Distributore; b) gli importi unitari fissati per il servizio di dispacciamento tranne quelli previsti per lo sbilanciamento, secondo le Delibere AEEGSI n. 111/06 e n. 107/09 e s.m.i.; c) un importo per le attività commerciali svolte dal Fornitore uguale al valore del PCV (prezzo commercializzazione vendita) previsto dalla Delibera AEEGSI n. 301/12 dell'AEEGSI e s.m.i., e periodicamente aggiornato dall'AEEGSI; d) un ulteriore eventuale corrispettivo determinato dal Fornitore dividendo il corrispettivo di sbilanciamento, se sopportato dallo stesso Fornitore, per l'energia prelevata, comprensiva delle perdite presso tutti i Siti nella sua titolarità in qualità di utente del dispacciamento, e moltiplicando il valore ottenuto per i kWh di energia prelevata, comprensiva delle perdite, dal Cliente nel mese di riferimento; e) eventuali corrispettivi applicati, in base alla normativa per morosità del Cliente, per precedenti forniture di energia elettrica o; f) eventuali ulteriori corrispettivi dovuti dal Cliente al Fornitore nei casi previsti dall'art 12 del TIMG.

Per un fornitore svolgere bene il lavoro di programmazione e/o di aggiornamento delle previsioni può essere un costo importante, che alcuni decidono di affrontare ed accollarsi ed altri, avendo la possibilità di ribaltare il costo sui clienti scelgono questa strada.

Per cui alcuni fornitori applicano nei contratti un *"costo di sbilanciamento"* a volte chiamato anche *"costo di programmazione"*, tra l'altro in qualche caso questo costo viene definito preventivamente ed in altri lasciato aperto alle eventuali penali pagate dal fornitore e ribaltate in percentuale al cliente.

217

In questo secondo caso il rischio per il cliente può essere anche elevato, superare abbondantemente il valore di 1 €cent/KWh ed arrivare a vanificare l'effetto di un prezzo apparentemente competitivo, e soprattutto è un costo di difficile previsione e di controllo nei confronti di una corretta applicazione del costo da parte del fornitore.

Qui un altro esempio in questo caso con lo sbilanciamento già valorizzato ad 1 €cent/KWh, che è sempre un valore superiore al 15% del prezzo attuale dell'energia:

Altre componenti. Sono inoltre a carico del cliente i corrispettivi indicati all'art. 6.5 delle Condizioni Generali di Contratto (d'ora in poi "CGC") ad uso domestico, relativi a:
* spesa per la materia energia: dispacciamento, sbilanciamento pari a 0,001 €/kWh applicato per l'intera durata contrattuale ai consumi effettivi del cliente ed il corrispettivo di commercializzazione che, in deroga all'art. 6.5 lettera f) delle CGC è pari a 5 €/POD/mese. Tali componenti rappresentano circa il 15% della spesa annua complessiva del cliente tipo, IVA e imposte escluse;

Qui possiamo mettere un paio dei nostri punti fermi:

SEGRETO n. 10: fai attenzione al costo di sbilanciamento, nei contratti può essere citato all'interno del paragrafo che parla dei costi di trasporto, oneri di sistema etc.

SEGRETO n.11: addebitare ai clienti il costo dello

sbilanciamento o programmazione scorporandolo dal prezzo è una scelta del fornitore.

Costi di gestione amministrativa

I costi che possono ricadere in questa espressione possono essere di diversa natura e possono essere ricorrenti come ad esempio:

- i costi di spedizione della fattura;
- i costi amministrativi (non meglio definiti);
- i costi di gestione contratto;
- i costi relativi al sistema di pagamento;
- i costi per i solleciti di pagamento;

> **Costi di gestione:** sarà posto a carico del Cliente un costo di gestione mensile per la fornitura di energia elettrica definito "Costo di gestione luce" pari a 2,50 €/mese per la fornitura oggetto dell'art. 1 dell'Allegato A · Condizioni Generali per la fornitura energia

A volte si considerano poco questi costi poiché apparentemente poco onerosi, magari 2,5 euro al mese possono non avere peso, ma se consideriamo che il consumo medio di una famiglia italiana è intorno ai 250 KWh al mese, 2,5 euro corrispondono a 1 €cent per ogni KWh consumato, sembra poco ma corrisponde ad un incremento del prezzo che si avvicina al 15/20% del prezzo attuale dell'energia (PUN), possiamo dire che non è poco?!

Questi piccoli costi accessori possono anche essere più di uno nello stesso contratto, per cui verifica sempre e prendi nota di tutti questi possibili costi.

Un'attenzione la rivolgerei ai costi per i solleciti di pagamento, spesso si sottovaluta questo aspetto, in realtà il ritardato pagamento di una fattura può generare costi percentualmente importanti e disagi in termini di tempo speso oltre al rischio di possibili riduzioni di potenza o distacco, per cui attrezzarsi con un pagamento RID è sempre più un aspetto da considerare, sia per ridurre i costi, sia per evitare fastidi.

Nella famiglia dei costi amministrativi possono ricadere anche costi una-tantum come ad esempio: il costo di attivazione contratto, a volte espresso in altre forme ed in qualche caso può avere un peso percentualmente importante sul valore reale del costo sostenuto dal cliente.

Torniamo al ragionamento di prima un costo di attivazione magari di 25 euro una - tantum può sembrare poca cosa ma anch'esso in un conteggio alla maniera del TAEG varrebbe per una percentuale di peso nel conteggio dei costi globali, per una famiglia coi consumi medi di 2.700 KWh all'anno il peso si avvicina ad 1 €cent per ogni KWh, e considerato che a volte si possono trovare costi di attivazione ben più alti comprendi che è una voce su cui fare attenzione.

I bonus, sconti etc.

Degli sconti nominali su prezzi un po' alti abbiamo già detto per cui non ci torniamo, soffermiamoci ora su alcune modalità a volte usate come quelle dei bonus e degli sconti provvisori, cioè quelli dove il cliente riceve un bonus od uno sconto per un determinato periodo o in formula una-tantum all'attivazione.

Può capitare che questi bonus siano legati ad un vincolo di permanenza col fornitore e se per una qualsiasi ragione, sia di malcontento di servizio o di nuove offerte più vantaggiose, il cliente volesse cambiare fornitore il bonus viene poi addebitato al cliente vanificandone il vantaggio.

Qui di seguito un esempio e per maggior chiarezza ti cito le stesse parole presenti su un contratto che dice: *"qualora il rapporto di fornitura si interrompa prima che siano trascorsi 12 mesi di fornitura dalla data di attivazione (nome fornitore) richiederà al cliente il pagamento del contributo non corrisposto per effetto dello sconto 100% del contributo mensile e della quota di "bonus di benvenuto" eventualmente già corrisposta".*

Qualora il rapporto di fornitura si interrompa prima che siano trascorsi 12 mesi dalla data di attivazione, ▮▮▮ richiederà al cliente il pagamento del contributo non corrisposto, per effetto dello sconto 100% del contributo mensile, e della quota di «Bonus di benvenuto» eventualmente già corrisposta, in un'unica soluzione, in occasione della bolletta di

In pratica un bonus con l'elastico, *"te lo do ma se mi lasci me lo paghi"*, non discutiamo se sia giusto o meno perché è sempre una scelta del consumatore accettare, purché ne sia consapevole. Per cui valuta sempre bene i bonus, gli sconti e le clausole che li regolano in modo da indentificare il vantaggio reale ed i vincoli.

Servizi accessori

Può essere che nella proposta ci siano dei servizi accessori a fronte dei quali ti è richiesto un contributo, possono essere di diversa natura come i possibili servizi accessori:

- costi di servizi informativi come aree riservate a pagamento;
- costi relativi a coperture assicurative;

- costi relativi a garanzie diverse.

Ogni servizio può essere interessante se copre una necessità reale del cliente, è comunque sempre importante che il cliente abbia piena consapevolezza di cosa sta comprando e ne identifichi benefici e costi in modo chiaro.

Piccoli Contributi & Company

Un termine quello del piccolo contributo che ogni tanto compare nei contratti e può essere usato per definire varie voci dalla più svariata natura, a volte è usato per definire in modo diverso costi come lo spread come nel caso dell'esempio seguente. Qui nell'immagine illustrata tra poco, la dichiarazione del prezzo nominale dice che: *"il prezzo applicato ai tuoi consumi, a copertura della componente energia, seguirà l'andamento del andamento del Prezzo Unico Nazionale dell'energia elettrica (PUN)"*.

Il prezzo applicato ai tuoi consumi, a copertura della componente energia, seguirà l'andamento del Prezzo Unico Nazionale dell'energia elettrica (PUN) con un piccolo contributo mensile pari a 5 €/mese.

Il prezzo applicato è il PUN senza nessuno spread, una condizione che appare interessante alla quale però occorre comunque aggiungere il costo di un piccolo contributo mensile pari a 5 €/mese. Se facciamo due conticini:

5 €mese x 12 = 60 €anno, 60 € : 2700 KWh = 0,022 €cent/KWh

Sempre tenendo conto di un consumo medio di 2.700 KWh annui, in pratica significa che lo spread reale applicato è pari a 0,022 €cent/KWh. Se dovessimo fare un paragone col metodo usato nel mondo dei mutui e prestiti, in questo caso il TAN sarebbe pari spread 0 Zero/€cent, mentre il TAEG sarebbe Spread 2,2 €cent.

Come avrai potuto capire i costi che si possono aggiungere al prezzo dichiarato possono essere variegati, qui abbiamo elencato quelli che potresti trovare, perlomeno quelli più diffusi in questo periodo. Quello che ti posso dire è che negli oltre 15 anni di lavoro in questo settore ho potuto vedere più e più modalità di applicazione di costi aggiuntivi, non sempre espressi in modo che fosse agevole per il cliente identificarli e valorizzarli. Prima di chiudere questo capitolo con le ultime informazioni direi che possiamo mettere un altro punto fermo.

SEGRETO n. 12: fai particolare attenzione a tutti i costi

accessori poiché possono trasformare un prezzo apparentemente buono in un prezzo reale poco vantaggioso.

Quindi per avere un metodo possiamo dire che occorre:

1. identificare tutti i costi accessori di varia natura presenti nelle condizioni economiche e nelle condizioni generali di contratto;

2. valorizzare il costo totale dei costi accessori aggiuntivi;

3. calcolare quanto peserebbero per ogni KWh consumato;

4. sommare il valore ottenuto al "prezzo nominale" dell'offerta.

Avrai così ottenuto il *prezzo reale* che ti viene proposto con quel contratto e sarai più consapevole di ciò che realmente ti verrà applicato.

Definiamo quanto sopra come il prossimo punto fermo di questo capitolo.

SEGRETO n. 13: per ottenere il prezzo reale di una offerta occorre:

1. **identificare tutti i costi accessori di varia natura presenti nelle condizioni economiche e nelle condizioni generali di contratto;**
2. **valorizzare il costo totale dei costi accessori-aggiuntivi;**
3. **calcolare quanto peserebbero per ogni KWh consumato;**
4. **sommare il valore ottenuto al "prezzo nominale" dell'offerta.**

In un mercato tutto sommato giovane come quello dell'energia, per quanto regolamentato, nel tempo si è reso necessario fare aggiustamenti alle regole ed i cambiamenti normativi nel settore in questi primi anni di liberalizzazione sono stati tanti e spesso nati con la finalità di colmare lacune legislative che lasciavano spazio ad interpretazioni erronee da parte dei consumatori ed a volte a modalità di presentazione delle clausole contrattuali che potevano indurre il consumatore in un errore di valutazione.

Queste ultime informazioni introducono l'ultimo segreto del capitolo.

SEGRETO n. 14: non è escluso che nuove modalità di definire o spacchettare i costi verranno proposte in futuro dai fornitori, per questo occorre che il consumatore possa tenersi aggiornato ed informato.

Proprio in virtù di questo ultimo segreto, per consentire di rimanere sempre aggiornati sto creando un sistema che possa dare a chi lo desidera un servizio di informazione ed aggiornamento costante che aiuti nel tempo. Prima di passare al prossimo capitolo in cui andremo a ragionare su possibili processi decisionali che puoi utilizzare chiudiamo questo capitolo con il solito riepilogo dei più importanti punti fermi del capitolo.

RIEPILOGO DEL CAPITOLO 8:

- SEGRETO n. 1: ciò che definisce quello che riceverai e che pagherai non è nelle parole di chi vende ma nelle clausole scritte sul contratto, per cui è necessaria un'attenta lettura quando si tratta di accettare e confermare contratti.

- SEGRETO n. 2: se il venditore ti cita qualche riferimento fai sempre richiesta di vedere dove è scritto e controlla.

- SEGRETO n. 3: di ciò che viene affermato a parole, chiedi sempre dimostrazione sulla base di documentazione ufficiale e se si tratta di informazioni di mercato verifica su fonti imparziali. Sugli andamenti dei prezzi hai già imparato come usare il sito del GME.

- SEGRETO n. 4: i contratti di fornitura di energia sono sempre formati da almeno due parti:

  A) le condizioni economiche di fornitura;

  B) le condizioni generali di contratto o fornitura CGF.

- SEGRETO n. 5: spesso nelle condizioni generali di contratto o fornitura possono essere inseriti costi non specificati nelle condizioni economiche di fornitura.

- SEGRETO n. 6: è importante che ti vengano consegnate e tu le legga entrambe poiché nelle condizioni generali di contratto o fornitura possono essere inseriti costi non specificati nelle condizioni economiche di fornitura. Quindi la prima regola è sempre prima leggi, solo dopo conferma, mai il contrario.

- SEGRETO n. 7: ogni contratto definisce la modalità del prezzo applicato ed anche la scadenza di quel prezzo. Allo scadere del prezzo pattuito il nuovo prezzo potrebbe essere meno vantaggioso.

- SEGRETO n. 8: occorre segnarsi la scadenza e controllare le fatture per verificare quando il fornitore comunicherà i nuovi prezzi, per evitare che si aggiornino a condizioni meno vantaggiose senza esserne pienamente consapevoli.

- SEGRETO n. 9: spesso i costi accessori applicati dai fornitori sono inseriti nei paragrafi relativi ai costi di trasporto o degli oneri di sistema. Leggi sempre questi paragrafi.

- SEGRETO n. 10: fai attenzione al costo di sbilanciamento, nei contratti può essere citato all'interno del paragrafo dei costi di trasporto, oneri di sistema etc.

- SEGRETO n. 11: addebitare ai clienti il costo di sbilanciamento (o programmazione) scorporandolo dal prezzo è una scelta del fornitore.

- SEGRETO n. 12: fai particolare attenzione a tutti i costi

accessori poiché possono trasformare un prezzo apparentemente buono in un prezzo reale poco vantaggioso.

- SEGRETO n. 13: per ottenere il prezzo reale di una offerta occorre:

  1. identificare tutti i costi accessori di varia natura presenti nelle condizioni economiche e nelle condizioni generali di contratto;

  2. valorizzare il costo totale dei costi accessori aggiuntivi;

  3. calcolare quanto peserebbero per ogni KWh consumato;

  4. sommare il valore ottenuto al "prezzo nominale" dell'offerta.

- SEGRETO n. 14: non è escluso che nuove modalità di definire o spacchettare i costi verranno proposte in futuro dai fornitori, per questo occorre che il consumatore si tenga aggiornato ed informato.

Capitolo 9:

Scegliere tra istinto, ragione e cuore

Come utilizzare i valori per strutturare il processo di acquisto

Se come dicevamo qualche pagina fa le domande che già da un po' ti frullano per la testa sono: *"Vabbè ma allora cosa è meglio, fisso, variabile, misto?"*, *"Ma quale è il fornitore che ha prezzo più basso del mercato?"*, *"Si Merlini perché non la facciamo finita e mi dici quale è il miglior fornitore?"*

Sappi che non esiste una risposta valida per tutti, dipende dal momento di mercato poiché sono gli andamenti dei prezzi a definire se una offerta a prezzo fisso o variabile in quel momento è più giusta o sbagliata. Anche sul fronte fornitore col prezzo più basso è necessario dire che non ne esiste uno che lo sia sempre.

Le offerte si aggiornano in continuazione e secondo i prezzi di mercato si adeguano, ciò significa che un fornitore che ha il prezzo più basso oggi, potrebbe non averlo tra qualche giorno. Oltre a questo dipende da che tipo di propensione ha il cliente, in fondo si è un po' come davanti ad una scelta di investimento, ci sono offerte diverse per profili diversi e soprattutto non si può prescindere nelle scelte dai propri valori per trovare quella più adatta alle proprie esigenze.

L'intento di tutto quanto contenuto in questo libro è di dare al lettore una conoscenza più completa possibile di informazioni e strumenti per poter essere autonomo nelle scelte e poterle rivedere di volta in volta. Semmai possiamo vedere un po' di spunti che se vorrai potrai decidere di usare per strutturare un processo di acquisto che possa andare bene per te.

In tal senso partiamo dal presupposto che le nostre scelte possono essere dettate da tre tipologie di modalità:
- *razionale*, ragionata e basata su numeri e dati oggettivi;
- *istintiva*, di pancia perché una cosa ci piace senza motivo apparente e senza pensarci troppo;
- *emozionale*, che è mossa appunto dalle emozioni che ci procura scegliere e avere una cosa piuttosto che un'altra.

Questo se vuoi possiamo considerarlo un altro punto fermo, non è uno dei segreti legati strettamente all'energia ma ai comportamenti di acquisto delle persone si.

SEGRETO n. 1: le nostre scelte possono essere dettate da 3 tipologie di modalità:
- **quella *razionale*, ragionata basata su fatti e numeri, scevra di qualsiasi altra valutazione;**
- **quella *istintiva*, di pancia perché se una cosa ci piace senza motivo apparente e senza pensarci troppo, la si sceglie;**
- **quella *emozionale*, che parte appunto dalle emozioni che ci procura scegliere e avere una cosa piuttosto che un'altra.**

Consideriamo quindi che nelle scelte di ognuno di noi entrano in gioco sia fattori oggettivi che soggettivi. Mentre una persona più abituata ad usare una modalità razionale sarà probabilmente più attratta e condizionata da fattori oggettivi, chi ha una modalità istintiva o emozionale seguirà più facilmente aspetti soggettivi. Poiché ogni approccio è personale nessuno va criticato anche se spesso ci si scontra tra sé e sé perché di questo non c'è consapevolezza. Tenendo conto di quanto sopra potremmo dire che quando si tratta di scegliere un fornitore, ma in realtà potrebbe valere per tante altre questioni, potrebbe essere utile considerare i prossimi punti fermi.

SEGRETO n. 2: imparare a riconoscere tra le modalità razionale, emozionale o istintiva quella predominante per te e sapere quella che di solito guida i tuoi acquisti può essere un passaggio utile.

SEGRETO n. 3: può servirti ad ottenere una consapevolezza che ti farà vivere ogni acquisto, soprattutto quelli più importanti con più serenità.

SEGRETO n. 4: puoi seguire la tua indole o aggiustare la mira equilibrando meglio le modalità di acquisto.

"Esisterà un modo che le può riunire tutte e tre in maniera equilibrata?"
È una domanda che è lecito porsi. Forse non esiste una risposta, ma qualcosa in merito si può fare, quantomeno per aiutarci a definire meglio la nostra personale miglior modalità di acquisto,

quella che ci fa sentire più in armonia durante e dopo aver fatto le nostre scelte.

Schede e mappa del tesoro

Un modo utile per cominciare è quello che abbiamo visto nel 4° capitolo quello in cui abbiamo definito *"I perché delle tue scelte"*, e può essere quello di scrivere su un foglio tutti i valori che vuoi tenere in conto nelle tue scelte, meglio sarebbe scriverli tutti, fare una scheda che li racchiuda e poi creare una classifica di importanza sulla base di quelli che sono per te i più importanti, anche secondo le tue emozioni ed il tuo istinto.

Poi di volta in volta quando ti trovi a scegliere per un acquisto importante puoi usare la scheda, ritrovare per iscritto i tuoi valori ti potrà essere utile sia in termini assoluti che in relazione all'acquisto specifico, poi con il tempo ti verrà automatico declinare le tue scelte con più piena consapevolezza dei tuoi parametri e valori.

Quindi puoi provare ad usare questo metodo che vediamo ora, sia con un foglio Excel che con un foglio di carta:

1. Scrivi su un foglio i tuoi valori, quelli per te importanti da tenere in considerazione nelle tue scelte.
2. Stila una classifica di importanza di questi valori, in termini assoluti o relativi all'acquisto specifico.
3. Dai un peso al valore: fatto 100 il punteggio totale dei valori che vuoi prendere in considerazione nel tuo acquisto, dai ad ogni valore un peso da 0 a 100 per la percentuale che ritieni abbia in quell'acquisto.
4. Stabilisci in % quanto la proposta globale del fornitore aderisce ad ogni valore, determinando così la congruità.
5. Moltiplica il peso x la congruità dell'offerta, con questa operazione stabilisci un punteggio per ogni valore.
6. Fai la somma dei punteggi e definisci il punteggio totale da assegnare a quell'offerta o fornitore.
7. Fai la stessa cosa con altri fornitori od offerte.
8. Confronta in punteggi.

In questo modo ottieni così uno strumento che ti aiuta a fare un confronto più complessivo che in pratica ti consente di valutare anche secondo i tuoi valori personali.

Per aiutarti nella pagina seguente trovi un esempio di una scheda compilata. In questa abbiamo inserito molti dei valori di cui abbiamo parlato, ma naturalmente tu potrai farla utilizzando i tuoi valori, se per te qualcosa non ha nessuna importanza puoi dare valore zero.

Puoi utilizzare i punteggi e le classifiche per guidare le tue scelte in modo più razionale e comunque personale e probabilmente questo metodo piacerà di più a chi ha un'indole a razionalizzare mentre ad altri può apparire un metodo laborioso. In realtà avendo un esempio da seguire è semplice, di facile applicabilità e ti aiuta a rendere concreto il tuo pensiero, le tue emozioni e le tue risposte istintive.

Pos.	Valore	Peso %	Congruità % della proposta	Punteggio Peso*Congruità
1	Relazione persone	5	80	400
2	Trasparenza	8	100	800
3	Affidabilità	5	80	400
4	Giusto prezzo	40	70	2.800
5	Professionalità venditore	5	90	450
6	Stato salute finanziaria	2	60	120
7	Reputazione	2	90	180
8	Comportamenti pregressi	2	90	180
9	Rischi relativi a strategia	2	50	100
10	Sistema di vendita	2	70	140
11	Competenza servizio clienti	2	80	160
12	Servizio clienti interno	2	80	160
13	Cortesia servizio clienti	2	80	160
14	Accessibilità servizio clienti	1	80	80
15	Eco- sostenibilità	3	70	210
16	Dimensione azienda	2	50	100
17	Storicità, maturità azienda	2	50	100
18	Servizi per l'efficienza	1	50	50
18	Prodotti per l'efficienza	1	50	50
20	Progetti mobilità elettrica	1	10	10
21	Bike-Scooter-Auto elettriche	1	0	0
22	Sistemi di ricarica mobilità elettrica	1	10	10
23	Sito web – accessibilità fruibilità	1	80	80
24	Disponibilità APP – servizi mobile	1	20	20
25	Area riservata per clienti	2	70	140
26	Solidarietà	1	20	20
27	Materiale informativo	1	80	80
28	Servizi formazione e aggiornamento	2	100	200
Totale		100		7.240

Fermiamoci per un momento a fissare un punto fermo che potrebbe essere utile per strutturare i tuoi processi decisionali.

SEGRETO n. 5: utilizza delle schede per definire i punteggi e le classifiche, guiderai le tue scelte in modo più completo. Sono strumenti utili a fare un confronto più complessivo che in pratica ti consente di valutare gli aspetti oggettivi ed anche quelli soggettivi secondo i tuoi valori personali.

Se il metodo sopra descritto ti sembra troppo laborioso e razionale sappi che anche io, che non ho una predominante razionale bensì o un'indole che tende a privilegiare gli aspetti delle emozioni, ho avuto la stessa sensazione quando me lo hanno insegnato poi ho provato ad usarlo in alcune scelte importanti della mia vita ed è stato utilissimo.

Un altro metodo che uso e che forse acccmpagna meglio chi non ama mettere giù numeri ed usare fogli Excel è quello che io chiamo della *"mappa del tesoro"*, è un metodo che asseconda di più la mia parte attenta alla sfera emozionale. Penso alla strada da fare con un fornitore, mi immagino nel percorso del nostro rapporto, e penso a come incontrerò corrispondenza ai miei valori. Tengo conto di tutte le informazioni che ho sul fornitore, i suoi comportamenti pregressi e l'analisi oggettiva del prezzo dell'offerta. Valuto la trasparenza con cui presenta i suoi contratti, la relazione con un eventuale venditore e gli aspetti più importanti di cui voglio tenere conto.

Su un foglio, ma ci sono anche programmi per strutturare mappe dal pc anche gratuiti come XMind o FreeMind, disegno una mappa che contempli tutti i valori per me importanti, ogni valore lo considero una tappa della relazione che potrei avere con quel fornitore. Ad ogni tappa ed ogni valore do un voto da 0 a 10, alla fine tiro le somme, riguardo la mappa e rivaluto la cosa, se il punteggio più alto mi convince scelgo con serenità. Il tutto tenendo conto dell'emozione che mi dà quella scelta, se non è positiva rivedo il tutto.

Quello di seguito è un esempio di mappa che puoi usare, il numero di fattori da tenere in considerazione lo puoi decidere tu, come i voti ed il peso che vuoi dare alla mappa nelle tue scelte.

Fornitore B		Fornitore A	
7	Relazione	Relazione	8
9	Prezzo Reale	Prezzo Reale	8
9	Storicità azienda	Storicità azienda	7
7	Trasparenza	Trasparenza	9
7	Professionalità venditore	Professionalità venditore	8
6	Comportamenti pregressi	Comportamenti pregressi	9
7	Reputazione	Reputazione	9
9	Affidabilità	Affidabilità	7
6	Sistema vendita	Sistema vendita	7
7	Servizio clienti	Servizio clienti	8
7	Eco-sostenibilità	Eco-sostenibilità	7
4	Mobilità elettrica	Mobilità elettrica	5
4	Servizi-prodotti effic. energet.	Servizi-prodotti effic. energet.	4
8	Area riservata	Area riservata	8
8	App - servizi mobile	App - servizi mobile	8
9	Dimensione	Dimensione	8
6	Solidarietà	Solidarietà	6
120	TOTALE	TOTALE	126

Fornitore B **MIA SCELTA** Fornitore A

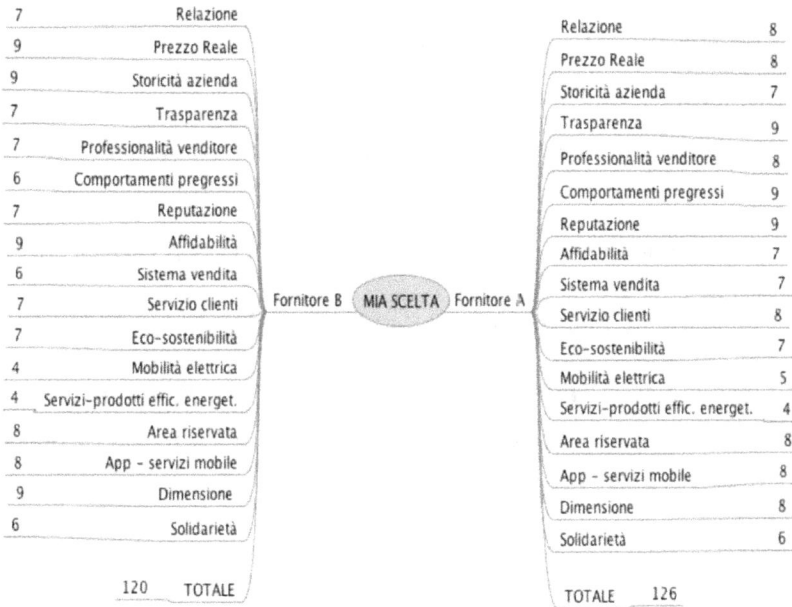

Forse alcuni prenderanno questo metodo meno in considerazione, e meno vicino al loro approccio, ma potrebbero considerarlo e sperimentarlo, compreso l'immaginare il percorso col fornitore, per vedere se nel tempo anche per loro gli aspetti emozionali ed istintivi di una scelta potranno dar loro maggior soddisfazione.

Pensiamo del resto a quante volte si fanno scelte totalmente con la testa e poi dopo un po' non proviamo quella sana soddisfazione della scelta fatta, vale il viceversa naturalmente, quante volte abbiamo scelto istintivamente o spinti solamente dalle emozioni che ci procurava un messaggio od una proposta e poi ci siamo ritrovati a pentircene perché la scelta è stata poco conveniente.

Se questa modalità ti è più congeniale prendiamo il metodo della mappa come un punto fermo di questo capitolo.

SEGRETO n. 6: pensa alla strada da fare con un fornitore, immagina il percorso che farai con lui ed a come incontrerai corrispondenza ai tuoi valori.

SEGRETO n. 7: **considera ogni valore come una tappa del viaggio e dagli un voto, alla fine somma i voti, fallo scrivendo una mappa concettuale su un foglio e poi confronta i risultati tra due o più fornitori.**

Abbiamo valutato un paio di approcci applicabili alle proprie scelte ed ognuno può individuare quello che più si adatta alla propria indole, in ognuno dei casi l'intento è di aiutare a contemplare sia gli aspetti oggettivi che gli aspetti soggettivi nella propria scelta. L'alternativa è quella di valutare solamente il valore del prezzo proposto scegliendo quello più basso, ammesso che siano fatti i dovuti e corretti calcoli per identificare quale sia realmente il più basso in quel momento, senza tenere conto di tutti gli altri aspetti, fatto salvo poi il rischic di trovarsi insoddisfatti per il servizio o aderenza alle proprie aspettative.

Alcuni comprano l'energia facendo la fotografia del momento, in realtà occorrerebbe pensare a come si sviluppa il film dell'andamento dei prezzi e del rapporto col fornitore. Un aspetto importante da considerare è poi l'attività di controllo una volta iniziata la fornitura e ricevute le prime bollette.

Meglio rivalutare il tutto e verificare se il prezzo era quello atteso e le aspettative in termini di servizio sono corrisposte, farlo con una certa periodicità è abitudine che tutela dal trovarsi con prezzi che possono diventare fuori mercato. Basti pensare a chi ha comprato a prezzo fisso tra il 2012 ed il 2017, magari bloccando il prezzo per 24 mesi mentre nel mercato all'ingrosso il PUN è passato da 7,54 €cent/KWh a 4,27 €cent/KWh scendendo del 43%. Ecco qui di seguito altri punto fermi di questo capitolo.

SEGRETO n. 8: importante è effettuare un'attività di controllo una volta iniziata la fornitura e ricevute le prime bollette, rivalutare il tutto e verificare se il prezzo era quello atteso e le aspettative in termini di servizio sono corrisposte.

SEGRETO n. 9: controllare con una certa periodicità confrontando il proprio prezzo con quelli del mercato per non avere condizioni diventate svantaggiose.

Cosa fare se sei scontento del tuo fornitore

Non ti preoccupare il bello delle scelte è che si possono sempre rivedere e in questo caso un errore può esser rimediato con facilità se scoperto e si interviene subito. Uno dei vantaggi per quanto riguarda le forniture di energia è che firmando un contratto non ci si vincola per tutta la vita, si può sempre rescindere un contratto e passare ad un altro fornitore con tempi di preavviso molto brevi, parliamo di 30 giorni e ogni passaggio di fornitore avviene al 1° giorno del mese.

Il recesso al fornitore in carica lo deve mandare il nuovo fornitore e se il nuovo fornitore non è efficiente nella gestione del contratto il passaggio al nuovo fornitore può slittare al mese dopo. Anche questo dei recessi è da considerare uno dei punti fermi da sottolineare, anche se è una delle cose più note.

SEGRETO n. 10: i clienti domestici e le aziende allacciate in BT (bassa tensione) possono dare recesso con un termine di preavviso di 30 giorni.

SEGRETO n. 11: la comunicazione del recesso è delegata al nuovo fornitore subentrante che inizierà la fornitura il 1° giorno del primo mese successivo ai 30 giorni.

Fatture Inaspettate

Avrai notato che in tutto il libro ho voluto mantenere una posizione neutrale nei confronti dei vari fornitori e non ho mai voluto parlare male di nessuno, occorre comunque che tu tenga conto di una possibilità che scoprirai se farai la ricerca consigliata a proposito della valutazione dei comportamenti pregressi, digitando nei motori di ricerca *multe fornitore/i energia*, ti capiterà di leggere della pratica dei contratti attivati impropriamente.

Se ti dovesse capitare di ritrovarti a ricevere fatture da un nuovo fornitore senza averlo scelto, sappi che questa pratica, definita *"disabbinamento improprio"*, è una pratica illegale, per cui è necessario che ti attivi ricontattando il tuo vecchio fornitore per una verifica e nel caso comunicando tramite raccomandata all'ARERA l'accaduto. Questo è l'unico modo per tutelarsi e cercare di contribuire al contrastare questa pratica fastidiosa purtroppo ancora presente sul mercato.

In questo capitolo abbiamo affrontato temi che entrano ancora una volta nella sfera scelte personali, hai forse scoperto che in ognuno di noi sono presenti sia modalità di scelta razionali che emozionali ed anche istintive e che per ognuno di noi c'è una modalità predominante che determina i nostri comportamenti anche in fatto di scelte.

Abbiamo considerato che le scelte possono essere basate su aspetti puramente oggettivi od anche tenendo conto di quelli soggettivi che proprio perché tuoi sono importanti, ed è utile che siano considerati anche nelle tue scelte. Abbiamo provato ad individuare metodi utili all'organizzare le proprie scelte cercando di armonizzarle considerando aspetti importanti come i propri valori e secondo le proprie inclinazioni e modalità.

Prima di avviarci alla conclusione del libro facciamo un riepilogo dei punti fermi di questo capitolo, quelli che per consuetudine della casa editrice vengono utilizzati per aiutare il lettore a ricordare i punti importanti di ogni capitolo quelli che durante tutto il libro abbiamo chiamato SEGRETI.

RIEPILOGO DEL CAPITOLO 9:

- SEGRETO n. 1: le nostre scelte possono essere dettate da tre tipologie di modalità:
  - quella *razionale*, ragionata basata su numeri e dati oggettivi;
  - quella *istintiva*, di pancia perché se una cosa ci piace senza motivo apparente e senza pensarci troppo la si sceglie;
  - quella *emozionale*, mossa dalle emozioni che ci procura scegliere o seguire una cosa piuttosto che un'altra.
- SEGRETO n. 2: imparare a riconoscere tra le modalità razionale, emozionale o istintiva quella predominante per te e che di solito guida i tuoi acquisti è un passaggio utile.
- SEGRETO n. 3: otterrai una consapevolezza che ti farà vivere ogni acquisto, soprattutto quelli più importanti con più serenità.
- SEGRETO n. 4: puoi seguire la tua indole o aggiustare la mira equilibrando meglio le modalità di acquisto.
- SEGRETO n. 5: utilizza delle schede per definire i punteggi e le classifiche per guidare le tue scelte in modo più completo. Possono essere strumenti utili a fare un confronto più complessivo che in pratica ti consente di valutare gli aspetti oggettivi ed anche quelli soggettivi secondo i tuoi valori personali.

- SEGRETO n. 6: pensa alla strada da fare con un fornitore, immagina il percorso che farai con lui ed a come incontrerai corrispondenza ai tuoi valori.
- SEGRETO n. 7: considera ogni valore come una tappa del viaggio e dagli un voto, alla fine somma i voti, fallo scrivendo una mappa concettuale su un foglio e poi confronta i risultati tra due o più fornitori.
- SEGRETO n. 8: è importante effettuare un'attività di controllo una volta ricevute le prime bollette per rivalutare il tutto e verificare se il prezzo era quello atteso e le aspettative in termini di servizio sono corrisposte.
- SEGRETO n. 9: controllare con una certa periodicità confrontando il proprio prezzo con quelli del mercato per non avere condizioni diventate svantaggiose
- SEGRETO n. 10: i clienti domestici e le aziende allacciate in BT (bassa tensione) possono dare recesso con un termine di preavviso di 30 giorni.
- SEGRETO n. 11: la comunicazione del recesso è delegata al nuovo fornitore subentrante che inizierà la fornitura il 1° giorno del primo mese successivo ai 30 giorni.

Conclusione

"È bene avere il denaro e le cose che il denaro può comprare, ma è anche bene, ogni tanto, controllare ed essere sicuri di non aver perso le cose che il denaro non può comprare".

George Horace Lorimer

Fin da bambino mi piaceva scrivere e viaggiare con la mente e con il cuore, documentari e poesia erano per me motivo di ore piacevoli per stare con me stesso e forse scrivere un libro era un piccolo grande sogno nato fin da allora.

Certo che, per me che sono persona più dedita alla comprensione dell'essere umano e del suo vivere, interessata alla conoscenza del sé e dei modi dell'esprimere le proprie potenzialità anche per aiutare gli altri a farlo, mai mi sarei sognato di scrivere un libro per aiutare le persone a scegliere il fornitore di energia.

Poi la vita mi ha portato a scegliere di lavorare in questo settore e ad imparare tanto, far diventare la mia attività soddisfacente e di poter lavorare dapprima come consulente aiutando le aziende a ottenere benefici nel ridurre i propri costi e poi come manager di aiutare altre persone a realizzarsi sviluppando al meglio le proprie competenze di consulenti e potenzialità personali

Forse questo libro non è di quelli che possono cambiare radicalmente la vita delle persone ma il contesto in cui viviamo mi fa vedere ogni giorno persone e famiglie in difficoltà ed il pensiero di dare un contributo che possa aiutarli a gestire meglio una parte della loro spesa è stata la spinta a cercare di strutturare in maniera fruibile ciò che ho imparato in questi anni, la volontà è stata quella di creare un percorso di conoscenza per aiutare a comprendere in modo chiaro e completo un mercato complesso.

Spero che la tua lettura ti abbia fatto trovare spunti per strutturare un metodo utile a scegliere consapevolmente il fornitore più adatto ai tuoi valori ed a non incappare in errori di valutazione. L'intento nello scrivere era di contribuire ed aiutarti a non sprecare il tuo denaro, a vivere più serenamente la scelta ed il rapporto futuro con il fornitore di energia.

Il metodo che abbiamo visto nel percorso fatto insieme si può riassumere in questi 8 passi:

1. *conoscere e capire* il contesto generale ed il prodotto o servizio da valutare.

2. *Definire i propri valori* sui quali basare le proprie scelte.

3. *Raccogliere informazioni sui fornitori:* storia, comportamenti pregressi, reputazione, servizi offerti, impatto ambientale, relazione coi clienti etc. etc.

4. *Informarsi su andamenti dei prezzi,* in questo caso GME, PUN, previsioni e prezzi dei mercati a termine.

5. *Valutare attentamente i contratti,* prezzo reale, costi accessori, vincoli sui bonus, voci aggiuntive varie.

6. *Incrociare proposta e Valori,* analisi dell'aderenza ai propri valori ed utilizzo dei metodi di valutazione.

7. *Controllare prezzi applicati e congruità con le aspettative,* all'arrivo delle prime fatture e periodicamente.

8. *Aggiornarsi e monitorare,* tenersi informati su andamento prezzi sul GME e monitorare nuove possibilità.

Su quest'ultimo passo so che può essere non semplice, un po' perché presi dal vortice del quotidiano ci si dimentica di farlo un po' perché i mercati, le offerte e le modalità di approccio dei fornitori cambiano, come cambiano spesso anche le regole, quindi capisco che spesso possano venire a mancare punti di riferimento che possano aiutare a rifare il punto della situazione ed adeguare la propria direzione ai nuovi venti ed eventi.

Proprio per questo *"Energia senza sorprese"* non vuole essere solo un libro ma anche un progetto che contempla per il lettore la possibilità di essere costantemente aggiornato nel tempo, in modo che possa essere certo che le sue scelte saranno corrette ed adeguate anche nel futuro. Se lo desideri o ne sentissi la necessità immediata o futura puoi far riferimento alla pagina:

www.facebook.com/energiasenzasorprese

È appena nata e sarà sempre più ricca di informazioni e sempre costantemente aggiornata, potrai chiedere informazioni secondo le tue necessità, e per chi ha acquistato il libro sono già in corso progetti esclusivi e nuove possibilità.

Un'ultima informazione ed un'idea: *sai che la povertà energetica è una delle più grandi sfide che l'umanità deve affrontare?* Noi siamo abituati a dare per scontato un bene prezioso come l'energia elettrica e spesso ci dimentichiamo che è un privilegio. Su questa nostra Terra oltre 1.200.000.000 un miliardo duecento milioni di persone vivono senza avere accesso all'elettricità.

Parliamo di oltre il 17% della popolazione mondiale che vive praticamente al buio, ma non solo perché energia elettrica vuol dire anche poter disporre di servizi indispensabili sul proprio territorio, significa poter pensare allo sviluppo ed alla crescita attraverso la possibilità di creare impresa, generare lavoro e reddito con la conseguente possibilità di dare dignità alle persone.

Se considerassimo il fatto di avere a disposizione l'energia elettrica in qualsiasi momento come il privilegio reale che in effetti è, forse potremmo considerarne anche un utilizzo più razionale ed un acquisto più consapevole?
Su questo fronte stiamo lavorando ad un progetto di solidarietà che ha l'obbiettivo di contribuire a migliorare la vita di persone che non possono accedere all'elettricità, se ti interessasse farne parte e hai idee in proposito seguici e segnalacelo nella nostra pagina www.facebook.com/energiasenzasorprese

Ringraziamenti

Quando realizzi un sogno o un obbiettivo è raro che dietro non ci sia qualcuno che abbia contribuito e così è per questo libro che non è solo frutto della mia conoscenza e del mio impegno, ma è anche frutto della presenza di molte persone che hanno contribuito alla mia crescita ed alla mia vita e che voglio ringraziare.

Per primi un GRAZIE alla mia compagna Cristina e mio figlio Luca ai quali ho portato via tempo ed attenzioni per dedicarmi alla stesura del libro, perché sono il motivo del mio costante impegno professionale e della mia voglia di crescere e dedicarmi alla mia formazione, un GRAZIE anche per essere la mia fonte di ispirazione. GRAZIE Amori miei.

Un GRAZIE a mia mamma Rosanna, che mi ha insegnato con l'esempio ad andare avanti anche nei momenti difficili ed a sopportare disagi e dolore senza accedere al lamento e con lei un

GRAZIE a mio papà Luigi che mi ha insegnato la passione per la lettura ma soprattutto il rispetto ed i valori più importanti che hanno contraddistinto la mia vita ed anche la stesura di questo libro, seppur non potranno leggerlo, so che mi fanno comunque sempre compagnia e ne sarebbero umilmente orgogliosi.
Chissà se in Paradiso ci son le biblioteche…!!

Grazie anche a mia sorella Raffaella che con la sua voglia di normalità e la sua quotidiana presenza mi ricorda il valore della famiglia e quello dell'aiuto vicendevole, senza dimenticare il suo compagno Giuliano con la sua pazienza e mio nipote Matteo straordinario esempio di dedizione allo studio.

Un GRAZIE a mio zio Mario che mi ha portato con lui "a lavorare" fin da bambino, da lui ho appreso lo spirito imprenditoriale, il desiderio di indipendenza e di affrancarsi dalla condizione di partenza, nonché la voglia di sperimentare e buttarsi sempre.

C'è sempre un raggio di luce che mi accompagna insieme al ricordo dei sapori più antichi e delle carezze più dolci, un

GRAZIE a mia nonna Natalina per avermi dedicato tanto tempo e insegnato l'umiltà di chi non dimentica da dove viene, la saggezza popolare ed il senso di appartenenza alle nostre origini.

Anche se sono passai decenni e non mi vede più da tanto tempo c'è una figura che per me è stato il primo grande riferimento al di fuori della famiglia, le sue strizzate di guancia sono ancora nella mia memoria insieme ai suoi insegnamenti, condividere la mia fanciullezza con Don Luigi Lesmo è stato un dono prezioso.

Mi è naturale pensare a tutte quelle persone che in questi 15 anni di lavoro in questo settore mi hanno insegnato quanto è servito a costruire la mia professionalità ed i miei risultati. Grazie dunque a Flavio Ceriotti, Fabio Rossi, Fabio Bocchiola che hanno creduto in me dandomi la possibilità di imparare questo mestiere. Nonché a tutti i manager ed i team con cui ho collaborato, senza dimenticare il preziosissimo aiuto da dietro le quinte di Mauro De Brasi.

Ringrazio i miei collaboratori da cui traggo ispirazione ogni giorno per migliorarmi ed imparare ad essere ancora più efficace nel aiutarli a crescere, sanno sopportarmi nei momenti complessi e supportarmi in quelli difficili, sono ormai tanti per citarli tutti ma mi è indispensabile un GRAZIE particolare ai manager del mio team Alessandro Fuso, Marco Boero, Simone Paggi, Remo Tironi, Margherita Parini ed a Giancarlo Bonomo.

Senza di loro non ci sarebbe stato nulla di tutto questo per cui un GRAZIE a tutti i clienti che mi hanno dato fiducia nel tempo, che hanno saputo ascoltarmi ed iniziare una collaborazione che mi ha consentito di aiutare così tante aziende ad ottenere risparmi, ad essere più efficienti, più solide e competitive.

Nei miei percorsi ho incontrato molti formatori e mentori da cui ho attinto insegnamenti ed esempi, per cui a tutti quelli che mi hanno avuto ai loro corsi un GRAZIE particolare per aver contribuito a costruire la persona che sono e GRAZIE a tutti quelli di cui ho voracemente letto libri.

Non posso tralasciare l'editore Giacomo Bruno che mi ha dato la possibilità di scrivere e pubblicare questo libro anche mettendomi a disposizione insegnamenti utili ad accrescere le conoscenze necessarie a questo progetto, un GRAZIE a lui ed al suo team.

Voglio ringraziare le persone con cui ho condiviso il percorso formativo per pubblicare questo libro, le autrici e gli autori della Accademia di Bruno Editore, persone straordinarie e piene di conoscenza da cui ho appreso risorse e spunti per proseguire e riuscire a terminare questo libro.

Tra loro ringrazio in particolare Emanuele Rissone portatore sano di esperienza imprenditoriale ed umanità, Stefania Ippoliti che ha saputo supportarmi col sorriso ed è stata prezioso aiuto e stimolo in momenti difficili, Fabio Sartori e Massimo Minoletti motori di iniziative volte allo sprone reciproco, Stefania Ignelzi, Luana D'Amato, Loana Loscialpo, Rossana Rossi, Maria Rita Ranno, Davide Pagnoncelli e Michele Ranieri con cui ho condiviso momenti di lavoro e crescita comune, siete stati stimolo ed esempio, GRAZIE.

Un GRAZIE anche a Roberto Caporilli di Maniac Studio per la realizzazione grafica della copertina del libro, ha saputo con pazienza seguire il mio desiderio individuare soluzioni efficaci.

E poi GRAZIE anche ai tanti fogli di carta che nella mia vita hanno accolto i miei pensieri, i miei dubbi, le mie paure, i miei sogni e i miei proponimenti, spero di avervi sporcato di amore e passione.

Siti di riferimento

www.arera.it sito dell'Autorità di Regolazione per Energia Reti ed Ambiente.

www.acquirenteunico.it sito dell'Acquirente Unico, società che ha scopo di garantire la fornitura ai clienti del mercato tutelato.

www.portaletutelasimile.it portale per la ricerca delle offerte in Tutela Simile utile fino al 30 giugno 2018 verrà sostituito dal portale per le offerte P.L.A.C.E.T.

www.prezzoenergia.it portale gestito dall'AU per la ricerca delle offerte P.L.A.C.E.T.

www.mercatoelettrico.org sito del GME - Gestore dei Mercati Energetici, riferimento del mercato all'ingrosso dell'energia, qui tutte le quotazioni del PUN e le quotazioni dei mercati a termine.

www.terna.it sito di Terna S.p.A. la società di stato che gestisce la rete di trasporto nazionale.

www.gse.it sito del Gestore dei Servizi Energetici la società che gestisce e regola lo sviluppo delle fonti rinnovabili.

www.arera.it/it/bonus_sociale.htm pagina relativa al bonus elettrico.

Utile ed indispensabile per tutti i soggetti e le famiglie con ISEE non superiore a 8.107,5 € o per famiglie numerose (con più di 3 figli a carico) con ISEE non superiore a 20.000 €. Consente di recuperare fino a 184 € anno. Oppure per persone o famiglie in cui una grave malattia costringa all'utilizzo di apparecchiature mediche alimentate con l'energia elettrica (elettromedicali) indispensabili per il mantenimento in vita. Consente di recuperare fino a fino a 692 € anno.

www.ilsole24ore.com/art/SoleOnLine4/Finanza%20e%20Mercati /2007/08/plus-310807-web.shtml?refresh_ce=1
pagina con l'indicazione di tutti i siti delle associazioni di consumatori.

https://www.linkedin.com/in/giuseppe-merlini-01295713
pagina del mio profilo linkedin dove puoi trovare articoli e considerazioni personali

https://www.facebook.com/energiasenzasorprese/
la pagina Facebook del progetto Energia senza sorprese.

www.energiasenzasorprese.it
sito del progetto Energia senza sorprese. Presto disponibile con informazioni, notizie ed utilità per essere sempre aggiornati.

Grazie ancora a Te per aver dedicato il tuo tempo alla lettura ed alla comprensione di questo libro, con la speranza che ti possa esser utile per il presente e per il futuro nella scelta del fornitore di energia ed anche, se possibile, fonte di ispirazione per ogni tuo acquisto importante.

Buona energia.

www.ingramcontent.com/pod-product-compliance
Lightning Source LLC
Chambersburg PA
CBHW060351200326
41519CB00011BA/2107